Ludwig Thoma
Alle Lausbubengeschichten

Mit Illustrationen von Thomas Theodor Heine

Nachwort und Anmerkungen von Dirk Mende

Reclam

RECLAMS UNIVERSAL-BIBLIOTHEK Nr. 19685
2020 Philipp Reclam jun. Verlag GmbH,
Siemensstraße 32, 71254 Ditzingen
Gestaltung: Cornelia Feyll, Friedrich Forssman
Druck und Bindung: Kösel GmbH & Co. KG,
Am Buchweg 1, 87452 Altusried-Krugzell
Printed in Germany 2020

ISBN 978-3-15-019685-4

Auch als E-Book erhältlich

www.reclam.de

Thoma | Alle Lausbubengeschichten

Lausbubengeschichten

Aus meiner Jugendzeit

der Laufbub

Gretchen Vollbeck

Von meinem Zimmer aus konnte ich in den Vollbeck'schen Garten sehen, weil die Rückseite unseres Hauses gegen die Korngasse hinausging.

Wenn ich nachmittags meine Schulaufgaben machte, sah ich Herrn Rat Vollbeck mit seiner Frau beim Kaffee sitzen, und ich hörte fast jedes Wort, das sie sprachen.

Er fragte immer: »Wo ist denn nur unser Gretchen so lange?«, und sie antwortete alle Tage: »Ach Gott, das arme Kind studiert wieder einmal.«

Ich hatte damals, wie heute, kein Verständnis dafür, dass ein Mensch gerne studiert und sich dadurch vom Kaffeetrinken oder irgendetwas anderem abhalten lassen kann. Dennoch machte es einen großen Eindruck auf mich, obwohl ich dies nie eingestand.

Wir sprachen im Gymnasium öfters von Gretchen Vollbeck, und ich verteidigte sie nie, wenn einer erklärte, sie sei eine ekelhafte Gans, die sich bloß gescheit mache.

Auch daheim äußerte ich mich einmal wegwerfend über dieses weibliche Wesen, das wahrscheinlich keinen Strumpf stricken könne und sich den Kopf mit allem möglichen Zeug vollpfropfe.

Meine Mutter unterbrach mich aber mit der Bemerkung, sie würde Gott danken, wenn ein gewisser Jemand nur halb so fleißig wäre, wie dieses talentierte Mädchen, das seinen Eltern nur Freude bereite und sicherlich nie so schmachvolle Schulzeugnisse heimbringe.

Ich hasste persönliche Anspielungen und vermied es daher, das Gespräch wieder auf dieses unangenehme Thema zu bringen.

Dagegen übte meine Mutter nicht die gleiche Rücksicht, und ich wurde häufig aufgefordert, mir an Gretchen Vollbeck ein Beispiel zu nehmen.

Ich tat es nicht und brachte an Ostern ein Zeugnis heim, welches selbst den nächsten Verwandten nicht gezeigt werden konnte.

Man drohte mir, dass ich nächster Tage zu einem Schuster in die Lehre gegeben würde, und als ich gegen dieses ehrbare Handwerk keine Abneigung zeigte, erwuchsen mir sogar daraus heftige Vorwürfe.

Es folgten recht unerquickliche Tage, und jedermann im Hause war bemüht, mich so zu behandeln, dass in mir keine rechte Festesfreude aufkommen konnte.

Schließlich sagte meine Mutter, sie sehe nur noch ein Mittel, mich auf bessere Wege zu bringen, und dies sei der Umgang mit Gretchen.

Vielleicht gelinge es dem Mädchen, günstig auf mich einzuwirken. Herr Rat Vollbeck habe seine Zustimmung erteilt, und ich solle mich bereithalten, den Nachmittag mit ihr hinüberzugehen.

Die Sache war mir unangenehm. Man verkehrt als Lateinschüler nicht so gerne mit Mädchen wie später, und außerdem hatte ich begründete Furcht, dass gewisse Gegensätze zu stark hervorgehoben würden.

Aber da half nun einmal nichts, ich musste mit.

Vollbecks saßen gerade beim Kaffee, als wir kamen; Gretchen fehlte, und Frau Rat sagte gleich: »Ach Gott, das Mädchen studiert schon wieder, und noch dazu Scheologie.« Meine Mutter nickte so nachdenklich und ernst mit dem Kopfe, dass mir wirklich ein Stich durchs Herz ging und der Gedanke in mir auftauchte, der lieben alten Frau doch auch einmal Freude zu machen. Der Herr Rat trommelte mit den Fingern auf den Tisch und zog die Augenbrauen furchtbar in die Höhe.

Dann sagte er: »Ja, ja, die Scheologie!«

Jetzt glaubte meine Mutter, dass es Zeit sei, mich ein bisschen in das Licht zu rucken, und sie fragte mich aufmunternd: »Habt ihr das auch in eurer Klasse?«

Frau Rat Vollbeck lächelte über die Zumutung, dass anderer Leute Kinder Derartiges lernten, und ihr Mann sah mich durchbohrend an, das ärgerte mich so stark, dass ich beschloss, ihnen eines zu geben.

»Es heißt gar nicht Scheologie, sondern Geologie, und das braucht man nicht zu lernen«, sagte ich.

Beinahe hätte mich diese Bemerkung gereut, als ich die große Verlegenheit meiner Mutter sah; sie mochte sich wohl sehr über mich schämen, und sie hatte Tränen in den Augen, als Herr Vollbeck sie mit einem recht schmerzlichen Mitleid ansah.

Der alte Esel schnitt eine Menge Grimassen, von denen jede bedeuten sollte, dass er sehr trübe in meine Zukunft sehe.

»Du scheinst der Ansicht zu sein«, sagte er zu mir, »dass man sehr vieles nicht lernen muss. Dein Osterzeugnis soll ja nicht ganz zur Zufriedenheit deiner beklagenswerten Frau Mutter ausgefallen sein. Übrigens konnte man zu meiner Zeit auch Scheologie sagen.«

Ich war durch diese Worte nicht so vernichtet, wie Herr Vollbeck annahm, aber ich war doch froh, dass Gretchen ankam. Sie wurde von ihren Eltern stürmisch begrüßt, ganz anders wie sonst, wenn ich von meinem Fenster aus zusah. Sie wollten meiner Mutter zeigen, eine wie große Freude die Eltern gutgearteter Kinder genießen.

Da saß nun dieses langbeinige, magere Frauenzimmer, das mit ihren sechzehn Jahren so wichtig und altklug die Nase in die Luft hielt, als hätte es nie mit einer Puppe gespielt.

»Nun, bist du fertig geworden mit der Scheologie?«, fragte Mama Vollbeck und sah mich herausfordernd an, ob ich es vielleicht wagte, in Gegenwart der Tochter den wissenschaftlichen Streit mit der Familie Vollbeck fortzusetzen.

»Nein, ich habe heute Abend noch einige Kapitel zu erledigen; die Materie ist sehr anregend«, antwortete Gretchen.

Sie sagte das so gleichgültig, als wenn sie Professor darin wäre.

»Noch einige Kapitel?«, wiederholte Frau Rat, und ihr Mann erklärte mit einer von Hohn durchtränkten Stimme:

»Es ist eben doch eine Wissenschaft, die scheinbar gelernt werden muss.«

Gretchen nickte nur zustimmend, da sie zwei handgroße Butterbrote im Munde hatte, und es trat eine Pause ein, während welcher meine Mutter bald bewundernd auf das merkwürdige Mädchen und bald kummervoll auf mich blickte.

Dies weckte in Frau Vollbeck die Erinnerung an den eigentlichen Zweck unseres Besuches.

»Die gute Frau Thoma hat ihren Ludwig mitgebracht, Gretchen; sie meint, er könnte durch dich ein bisschen in den Wissenschaften vorwärtskommen.«

»Fräulein Gretchen ist ja in der ganzen Stadt bekannt wegen ihres Eifers«, fiel meine Mutter ein. »Man hört so viel davon rühmen, und da dachte ich mir, ob das nicht vielleicht eine Aufmunterung für meinen Ludwig wäre. Er ist nämlich etwas zurück in seinen Leistungen.«

»Ziemlich stark, sagen wir, ziemlich stark, liebe Frau Thoma«, sagte der Rat Vollbeck, indem er mich wieder durchbohrend anblickte.

»Ja, leider etwas stark. Aber mit Hilfe von Fräulein Gretchen, und wenn er selbst seiner Mutter zuliebe sich anstrengt, wird es doch gehen. Er hat es mir fest versprochen, gelt, Ludwig?«

Freilich hatte ich es versprochen, aber niemand hätte mich dazu gebracht, in dieser Gesellschaft meinen schönen Vorsatz zu wiederholen. Ich fühlte besser als meine herzensgute, arglose Mutter, dass sich diese Musterfamilie an meiner Verkommenheit erbaute. Inzwischen hatte die gelehrte Tochter ihre Butterbrote verschlungen und schien geneigt, ihre Meinung abzugeben.

»In welcher Klasse bist du eigentlich?«, fragte sie mich.

»In der vierten.«

»Da habt ihr den Cornelius Nepos: Das Leben berühmter Männer«, sagte sie, als hätte ich das erst von ihr erfahren müssen. »Du hast das natürlich alles gelesen, Gretchen?«, fragte Frau Vollbeck.

»Schon vor drei Jahren. Hie und da nehme ich ihn wieder zur Hand. Erst gestern las ich das Leben des Epaminondas.«

»Ja, ja, dieser Epaminondas!«, sagte der Rat und trommelte auf den Tisch. »Er muss ein sehr interessanter Mensch gewesen sein.«

»Hast du ihn daheim?«, fragte mich meine Mutter,

»sprich doch ein bisschen mit Fräulein Gretchen darüber, damit sie sieht, wie weit du bist.«

»Wir haben keinen Epaminondas nicht gelesen«, knurrte ich.

»Dann hattet ihr den Alcibiades oder so etwas. Cornelius Nepos ist ja sehr leicht. Aber wenn du *wirklich* in die fünfte Klasse kommst, beginnen die Schwierigkeiten.«

Ich beschloss, ihr dieses »wirklich« einzutränken, und leistete heimlich einen Eid, dass ich sie verhauen wollte, bei der ersten Gelegenheit.

Vorläufig saß ich grimmig da und redete kein Wort. Es wäre auch nicht möglich gewesen, denn das Frauenzimmer war jetzt im Gang und musste ablaufen wie eine Spieluhr.

Sie bewarf meine Mutter mit lateinischen Namen und ließ die arme Frau nicht mehr zu Atem kommen; sie leerte sich ganz aus, und ich glaube, dass nichts mehr in ihr darin war, als sie endlich aufhörte.

Papa und Mama Vollbeck versuchten, das Wundermädchen noch einmal aufzuziehen, aber es hatte keine Luft mehr und ging schnell weg, um die Scheologie weiter zu studieren.

Wir blieben schweigend zurück. Die glücklichen Eltern betrachteten die Wirkung, welche das alles auf meine Mutter gemacht hatte, und fanden es recht und billig, dass sie vollkommen breitgequetscht war. –

Sie nahm in gedrückter Stimmung Abschied von den Vollbeck'schen und verließ mit mir den Garten.

Erst als wir daheim waren, fand sie ihre Sprache wieder. Sie strich mir zärtlich über den Kopf und sagte: »Armer Junge, du wirst das nicht durchmachen können.«

Ich wollte sie trösten und ihr alles versprechen, aber sie schüttelte nur den Kopf.

»Nein, nein, Ludwig, das wird nicht gehen.«

Es ist dann doch gegangen, weil meine Schwester bald darauf den Professor Bindinger geheiratet hat.

Meine erste Liebe

An den Sonntagen durfte ich immer zu Herrn von Rupp kommen und bei ihm Mittag essen. Er war ein alter Jagdfreund von meinem Papa und hatte schon viele Hirsche bei uns geschossen. Es war sehr schön bei ihm. Er behandelte mich beinahe wie einen Herrn, und wenn das Essen vorbei war, gab er mir immer eine Zigarre und sagte: »Du kannst es schon vertragen. Dein Vater hat auch geraucht wie eine Lokomotive.« Da war ich sehr stolz.

Die Frau von Rupp war eine furchtbar noble Dame, und wenn sie redete, machte sie einen spitzigen Mund, damit es hochdeutsch wurde. Sie ermahnte mich immer, dass ich nicht Nägel beißen soll und eine gute Aussprache habe. Dann war noch eine Tochter da. Die war sehr schön und roch so gut. Sie gab nicht acht auf mich, weil ich erst vierzehn Jahre alt war, und redete immer von Tanzen und Konzert und einem gottvollen Sänger. Dazwischen erzählte sie, was in der Kriegsschule passiert war. Das hatte sie von den Fähnrichen gehört, die immer zu Besuch kamen und mit den Säbeln über die Stiege rasselten.

Ich dachte oft, wenn ich nur auch schon ein Offizier wäre, weil ich ihr dann vielleicht gefallen hätte, aber so behandelte sie mich wie einen dummen Buben und lachte immer dreckig, wenn ich eine Zigarre von ihrem Papa rauchte.

Das ärgerte mich oft, und ich unterdrückte meine Liebe zu ihr und dachte, wenn ich größer bin und als Offizier nach einem Kriege heimkomme, würde sie vielleicht froh sein. Aber dann möchte ich nicht mehr. Sonst war es aber sehr nett bei Herrn von Rupp, und ich freute mich furchtbar auf jeden Sonntag und auf das Essen und auf die Zigarre.

Der Herr von Rupp kannte auch unsern Rektor und sprach öfter mit ihm, dass er mich gern in seiner Familie habe, und dass ich schon noch ein ordentlicher Jägersmann werde, wie mein Vater. Der Rektor muss mich aber nicht gelobt haben, denn Herr von Rupp sagte öfter zu mir: »Weiß der Teufel, was du treibst. Du musst ein verdammter Holzfuchs sein, dass deine Professoren so auf dich loshacken. Mach es nur nicht zu arg.« Da ist auf einmal etwas passiert.

Das war so. Immer wenn ich um acht Uhr früh in die Klasse ging, kam die Tochter von unserem Hausmeister, weil sie in das Institut musste.

Sie war sehr hübsch und hatte zwei große Zöpfe mit roten Bändern daran und schon einen Busen. Mein Freund Raithel sagte auch immer, dass sie gute Potenzen habe und ein feiner Backfisch sei.

Zuerst traute ich mich nicht, sie zu grüßen; aber einmal traute ich mich doch, und sie wurde ganz rot. Ich merkte auch, dass sie auf mich wartete, wenn ich später daran war. Sie blieb vor dem Hause stehen und schaute in den Buchbinderladen hinein, bis ich kam. Dann lachte sie freundlich, und ich nahm mir vor, sie anzureden.

Ich brachte es aber nicht fertig vor lauter Herzklopfen; einmal bin ich ganz nahe an sie hingegangen, aber wie ich dort war, räusperte ich bloß und grüßte. Ich war ganz heiser geworden und konnte nicht reden.

Der Raithel lachte mich aus und sagte, es sei doch gar nichts dabei, mit einem Backfisch anzubinden. Er könnte jeden Tag drei ansprechen, wenn er möchte, aber sie seien ihm alle zu dumm.

Ich dachte viel darüber nach, und wenn ich von ihr weg

war, meinte ich auch, es sei ganz leicht. Sie war doch bloß die Tochter von einem Hausmeister, und ich war schon in der fünften Lateinklasse. Aber wenn ich sie sah, war es ganz merkwürdig und ging nicht. Da kam ich auf eine gute Idee. Ich schrieb einen Brief an sie, dass ich sie liebte, aber dass ich fürchte, sie wäre beleidigt, wenn ich sie anspreche und es ihr gestehe. Und sie sollte ihr Sacktuch in der Hand tragen und an den Mund führen, wenn es ihr recht wäre.

Den Brief steckte ich in meinen Caesar, De bello gallico, und ich wollte ihn hergeben, wenn ich sie in der Frühe wieder sah.

Aber das war noch schwerer.

Am ersten Tag probierte ich es gar nicht; dann am nächsten Tag hatte ich den Brief schon in der Hand, aber wie sie kam, steckte ich ihn schnell in die Tasche.

Raithel sagte mir, ich solle ihn einfach hergeben und fragen, ob sie ihn verloren habe. Das nahm ich mir fest vor, aber am nächsten Tag war ihre Freundin dabei, und da ging es wieder nicht.

Ich war ganz unglücklich und steckte den Brief wieder in meinen Cäsar.

Zur Strafe, weil ich so furchtsam war, gab ich mir das Ehrenwort, dass ich sie jetzt anreden und ihr alles sagen und noch dazu den Brief geben wolle.

Raithel sagte, ich müsse jetzt, weil ich sonst ein Schuft wäre. Ich sah es ein und war fest entschlossen.

Auf einmal wurde ich aufgerufen und sollte weiterfahren. Weil ich aber an die Marie gedacht hatte, wusste ich nicht einmal das Kapitel, wo wir standen, und da kriegte ich einen brennroten Kopf. Dem Professor fiel das auf, da er immer Verdacht gegen mich hatte, und er ging auf mich zu.

Ich blätterte hastig herum und gab meinem Nachbar einen Tritt. »Wo stehen wir? Herrgottsakrament!« Der dumme Kerl flüsterte so leis, dass ich es nicht verstehen konnte, und der Professor war schon an meinem Platz. Da fiel auf einmal der Brief aus meinem Cäsar und lag am Boden.

Er war auf Rosapapier geschrieben und mit einem wohlriechenden Pulver bestreut.

Ich wollte schnell mit dem Fuße darauf treten, aber es ging nicht mehr. Der Professor bückte sich und hob ihn auf.

Zuerst sah er mich an und ließ seine Augen so weit heraushängen, dass man sie mit einer Schere hätte abschneiden können. Dann sah er den Brief an und roch daran, und dann nahm er ihn langsam heraus. Dabei schaute er mich immer durchbohrender an und man merkte, wie es ihn freute, dass er etwas erwischt hatte.

Er las zuerst laut vor der ganzen Klasse.

»Innig geliebtes Fräulein! Schon oft wollte ich mich Ihnen nahen, aber ich traute mich nicht, weil ich dachte, es könnte Sie beleidigen.«

Dann kam er an die Stelle vom Sacktuch, und da murmelte er bloß mehr, dass es die andern nicht hören konnten.

Und dann nickte er mit dem Kopfe auf und ab, und dann sagte er ganz langsam:

»Unglücklicher, gehe nach Hause. Du wirst das Weitere hören.«

Ich war so zornig, dass ich meine Bücher an die Wand schmeißen wollte, weil ich ein solcher Esel war. Aber ich dachte, dass mir doch nichts geschehen könnte. Es stand nichts Schlechtes in dem Brief; bloß dass ich verliebt war. Das geht doch den Professor nichts an.

Aber es kam ganz dick.

Am nächsten Tag musste ich gleich zum Rektor. Der hatte sein großes Buch dabei, wo er alles hineinstenographierte, was ich sagte. Zuerst fragte er mich, an wen der Brief sei. Ich sagte, er sei an gar niemand. Ich hätte es bloß so geschrieben aus Spaß. Da sagte er, das sei eine infame Lüge, und ich wäre nicht bloß schlecht, sondern auch feig.

Da wurde ich zornig und sagte, dass in dem Briefe gar nichts Gemeines darin sei, und es wäre ein braves Mädchen. Da lachte er, dass man seine zwei gelben Stockzähne sah, weil ich mich verraten hatte. Und er fragte immer nach dem Namen. Jetzt war mir alles gleich, und ich sagte, dass kein anständiger Mann den Namen verrät, und ich täte es niemals. Da schaute er mich recht falsch an und schlug sein Buch zu. Dann sagte er: »Du bist eine verdorbene Pflanze in unserem Garten. Wir werden dich ausreißen. Dein Lügen hilft dir gar nichts; ich weiß recht wohl, an wen der Brief ist. Hinaus!«

Ich musste in die Klasse zurückgehen, und am Nachmittag war Konferenz. Der Rektor und der Religionslehrer wollten mich dimittieren. Das hat mir der Pedell gesagt. Aber die andern halfen mir, und ich bekam acht Stunden Karzer. Das hätte mir gar nichts gemacht, wenn nicht das andere gewesen wäre.

Ich kriegte einige Tage darauf einen Brief von meiner Mama. Da lag ein Brief von Herrn von Rupp bei, dass es ihm leidtäte, aber er könne mich nicht mehr einladen, weil ihm der Rektor mitteilte, dass ich einen dummen Liebesbrief an seine Tochter geschrieben habe. Er mache sich nichts daraus, aber ich hätte sie doch kompromittiert. Und meine Mama schrieb, sie wüsste nicht, was noch aus mir wird.

Ich war ganz außer mir über die Schufterei; zuerst wein-

te ich, und dann wollte ich den Rektor zur Rede stellen; aber dann überlegte ich es und ging zu Herrn von Rupp.

Das Mädchen sagte, es sei niemand zu Hause, aber das war nicht wahr, weil ich heraußen die Stimme der Frau von Rupp gehört habe. Ich kam noch einmal, und da war Herr von Rupp da. Ich erzählte ihm alles ganz genau, aber wie ich fertig war, drückte er das linke Auge zu und sagte: »Du bist schon ein verdammter Holzfuchs. Es liegt mir ja gar nichts daran, aber meiner Frau.« Und dann gab er mir eine Zigarre und sagte, ich solle nun ganz ruhig heimgehen.

Er hat mir kein Wort geglaubt und hat mich nicht mehr eingeladen, weil man es nicht für möglich hält, dass ein Rektor lügt.

Man meint immer, der Schüler lügt.

Ich habe mir das Ehrenwort gegeben, dass ich ihn durchhaue, wenn ich auf die Universität komme, den kommunen Schuften.

Ich bin lange nicht mehr lustig gewesen. Und einmal bin ich dem Fräulein von Rupp begegnet. Sie ist mit ein paar Freundinnen gegangen, und da haben sie sich mit den Ellenbogen angestoßen und haben gelacht. Und sie haben sich noch umgedreht und immer wieder gelacht.

Wenn ich auf die Universität komme und Korpsstudent bin, und wenn sie mit mir tanzen wollen, lasse ich die Schneegänse einfach sitzen.

Das ist mir ganz wurscht.

Der Meineid

Werners Heinrich sagte, seine Mama hat ihm den Umgang mit mir verboten, weil ich so was Rohes in meinem Benehmen habe, und weil ich doch bald davongejagt werde. Ich sagte zu Werners Heinrich, dass ich auf seine Mama pfeife, und ich bin froh, wenn ich nicht mehr hinmuss, weil es in seinem Zimmer so muffelt.

Dann sagte er, ich bin ein gemeiner Kerl, und ich gab ihm eine feste auf die Backe und ich schmiss ihn an den Ofenschirm, dass er hinfiel.

Und dann war ihm ein Zahn gebrochen, und die Samthose hatte ein großes Loch über dem Knie.

Am Nachmittag kam der Pedell in unsere Klasse und meldete, dass ich zum Herrn Rektor hinunter soll.

Ich ging hinaus und schnitt bei der Türe eine Grimasse, dass alle lachen mussten. Es hat mich aber keiner verschuftet, weil sie schon wussten, dass ich es ihnen heimzahlen würde. Werners Heinrich hat es nicht gesehen, weil er daheimblieb, weil er den Zahn nicht mehr hatte.

Sonst hätte er mich schon verschuftet.

Ich musste gleich zum Herrn Rektor hinein, der mich mit seinen grünen Augen sehr scharf ansah.

»Da bist du schon wieder, ungezogener Bube«, sagte er, »wirst du uns nie von deiner Gegenwart befreien?«

Ich dachte mir, dass ich sehr froh sein möchte, wenn ich den ekelhaften Kerl nicht mehr sehen muss, aber er hatte mich doch selber gerufen.

»Was willst du eigentlich werden?«, fragte er, »du verrohtes Subjekt? Glaubst du, dass du jemals die humanistischen Studien vollenden kannst?«

Ich sagte, dass ich das schon glaube. Da fuhr er mich aber an, und schrie so laut, dass es der Pedell draußen hörte und es allen erzählte. Er sagte, dass ich eine Verbrechernatur habe, und eine katilinarische Existenz bin, und dass ich höchstens ein gemeiner Handwerker werde, und dass schon im Altertum alle verworfenen Menschen so angefangen haben wie ich.

»Der Herr Ministerialrat Werner war bei mir«, sagte er, »und schilderte mir den bemitleidenswerten Zustand seines Sohnes«, und dann gab er mir sechs Stunden Karzer als Rektoratsstrafe wegen entsetzlicher Rohheit. Und meine Mutter bekam eine Rechnung vom Herrn Ministerialrat, dass sie achtzehn Mark bezahlen musste für die Hose.

Sie weinte sehr stark, nicht wegen dem Geld, obwohl sie fast keines hatte, sondern weil ich immer wieder was anfange. Ich ärgerte mich furchtbar, dass meine Mutter so viel Kummer hatte und nahm mir vor, dass es Werners Heinrich nicht gut gehen soll.

Die zerrissene Hose hat uns der Herr Ministerialrat nicht gegeben, obwohl er eine neue verlangte.

Am nächsten Sonntag nach der Kirche wurde ich auf dem Rektorat eingesperrt. Das war fad.

In dem Zimmer waren die zwei Söhne vom Herrn Rektor. Der eine musste übersetzen und hatte lauter dicke Bücher auf seinem Tische, in denen er nachschlagen musste. Jedes Mal, wenn sein Vater hereinkam, blätterte er furchtbar schnell um und fuhr mit dem Kopfe auf und ab.

»Was suchst du, mein Sohn?«, fragte der Rektor. Er antwortete nicht gleich, weil er ein Trumm Brot im Munde hatte. Er schluckte es aber doch hinunter und sagte, dass er ein griechisches Wort suche, welches er nicht finden kann.

Es war aber nicht wahr; er hatte gar nicht gesucht, weil er immer Brot aus der Tasche aß. Ich habe es ganz gut gesehen.

Der Rektor lobte ihn aber doch und sagte, dass die Götter den Schweiß vor die Tugend hinstellen, oder so was.

Dann ging er zum andern Sohn, welcher an einer Staffelei stand und zeichnete. Das Bild war schon beinah fertig. Es war eine Landschaft mit einem See und viele Schiffe darauf. Die Frau Rektor kam auch herein und sah es an, und der Rektor war sehr lustig. Er sagte, dass es bei dem Schlussfeste ausgestellt wird, und dass alle Besucher sehen können, dass die schönen Künste gepflegt werden.

Dann gingen sie, und die zwei Söhne gingen auch, weil es zum Essen Zeit war. Ich musste allein bleiben und bekam nichts zu essen.

Ich machte mir aber nichts daraus, weil ich eine Salami bei mir hatte, und ich dachte mir, dass die zwei dürren Rektorssöhne froh wären, wenn sie so viel kriegten.

Der Ältere stellte sein Bild an das Fenster im Nebenzimmer. Das sah ich genau. Ich wartete, bis alle draußen waren, und las dann die Geschichte vom schwarzen Apachenwolf weiter, die ich heimlich dabeihatte.

Um vier Uhr wurde ich herausgelassen vom Pedell. Er sagte: »So, diesmal warst du aber feste drin.« Ich sagte: »Das macht mir gar nichts.« Es machte mir aber schon etwas, weil es so furchtbar fad war. Am Montagnachmittag kam der Rektor in die Klasse und hatte einen ganz roten Kopf.

Er schrie, gleich wie er herin war: »Wo ist der Thoma?« Ich stand auf. Dann ging es an. Er sagte, ich habe ein Verbrechen begangen, welches in den Annalen der Schule unerhört ist, eine herostratische Tat, die gleich nach dem Brande des Dianatempels kommt. Und ich kann meine Lage nur durch ein reumütiges Geständnis einigermaßen verbessern.

Dabei riss er den Mund auf, dass man seine abscheulichen Zähne sah, und spuckte furchtbar und rollte seine Augen.

Ich sagte: »Ich weiß nichts; ich habe doch gar nichts getan.«

Er hieß mich einen verruchten Lügner, der den Zorn des Himmels auf sich zieht. Aber ich sagte: »Ich weiß doch gar nichts.« Und dann fragte er alle in der Klasse, ob sie nichts gegen mich aussagen können, aber niemand wusste nichts.

Und dann sagte er es unserm Professor. In der Frühe sah man, dass im Zimmer neben dem Rektorat das Fenster eingeschmissen war, und ein großer Stein lag am Boden, der war auch durch das Bild gegangen, welches der Sohn gemalt hatte, und es war kaputt und lag auf dem Boden.

Unser Professor war ganz entsetzt, und sein Bart und seine Haare standen in die Höhe. Er fuhr auf mich los und brüllte: »Gestehe es, Verruchter, hast du diese schändliche Tat begangen?« Ich sagte, ich weiß doch gar nichts, das wird mir schon zu arg, dass ich alles getan haben muss.

Der Rektor schrie wieder: »Wehe dir, dreimal wehe! Wenn ich dich entdecke! Es kommt doch an die Sonne.«

Und dann ging er hinaus. Und nach einer Stunde kam der Pedell und holte mich auf das Rektorat. Da war schon unser Religionslehrer da und der Rektor. Das Bild lag auf einem Stuhl und der Stein auch. Davor stand ein kleiner Tisch. Der war mit einem schwarzen Tuch bedeckt, und zwei brennende Kerzen waren da und ein Kruzifix.

Der Religionslehrer legte seine Hand auf meinen Kopf und tat recht gütig, obwohl er mich sonst gar nicht leiden konnte.

»Du armer, verblendeter Junge«, sagte er, »nun schütte dein Herz aus und gestehe mir alles. Es wird dir wohltun und dein Gewissen erleichtern.«

»Und es wird deine Lage verbessern«, sagte der Rektor.

»Ich war es doch gar nicht. Ich habe doch gar kein Fenster nicht hineingeschmissen«, sagte ich.

Der Religionslehrer sah jetzt sehr böse aus. Dann sagte er zum Rektor: »Wir werden jetzt sofort Klarheit haben. Das Mittel hilft bestimmt.« Er führte mich zum Tische, vor die Kerzen hin, und sagte furchtbar feierlich:

»Nun frage ich dich vor diesen brennenden Lichtern. Du kennst die schrecklichen Folgen des Meineides vom Religionsunterrichte. Ich frage dich: Hast du den Stein hereingeworfen? Ja – oder nein?«

»Ich habe doch gar keinen Stein nicht hineingeschmissen«, sagte ich.

»Antworte ja – oder nein, im Namen alles Heiligen!«

»Nein«, sagte ich. Der Religionslehrer zuckte die Achseln und sagte: »Nun war er es doch nicht. Der Schein trügt.«

Dann schickte mich der Rektor fort.

Ich bin recht froh, dass ich gelogen habe und nichts eingestand, dass ich am Sonntagabend den Stein hineinschmiss, wo ich wusste, dass das Bild war. Denn ich hätte meine Lage gar nicht verbessert und wäre davongejagt worden. Das sagte der Rektor bloß so. Aber ich bin nicht so dumm.

Onkel Franz

Da bekam meine Mutter einen Brief von Onkel Franz, welcher ein pensionierter Major war. Und sie sagte, dass sie recht froh ist, weil der Onkel schrieb, er will schon einen ordentlichen Menschen aus mir machen, und es kostet achtzig Mark im Monat. Dann musste ich in die Stadt, wo Onkel wohnte. Das war sehr traurig. Es war über vier Stiegen, und es waren lauter hohe Häuser herum und kein Garten.

Ich durfte nie spielen, und es war überhaupt niemand da. Bloß der Onkel Franz und die Tante Anna, welche den ganzen Tag herumgingen und achtgaben, dass nichts passierte. Aber der Onkel war so streng zu mir und sagte immer, wenn er mich sah: »Warte nur, du Lausbub, ich krieg dich schon noch.«

Vom Fenster aus konnte man auf die Straße hinunterspucken, und es klatschte furchtbar, wenn es daneben ging. Aber wenn man die Leute traf, schauten sie zornig herum und schimpften abscheulich. Da habe ich oft gelacht, aber sonst war es gar nicht lustig.

Der Professor konnte mich nicht leiden, weil er sagte, dass ich einen sehr schlechten Ruf mitgebracht hatte.

Es war aber nicht wahr, denn das schlechte Zeugnis war bloß deswegen, weil ich der Frau Rektor ein Brausepulver in den Nachthafen getan hatte.

Das war aber schon lang, und der Professor hätte mich nicht so schinden brauchen. Der Onkel Franz hat ihn gut gekannt und ist oft hingegangen zu ihm.

Dann haben sie ausgemacht, wie sie mich alle zwei erwischen können.

Wenn ich wieder von der Schule heimkam, musste ich mich gleich wieder hinsetzen und die Aufgaben machen.

Der Onkel schaute mir immer zu und sagte: »Machst du es wieder recht dumm? Wart' nur, du Lausbub, ich komm' dir schon noch.«

Einmal musste ich eine Arithmetikaufgabe machen. Die brachte ich nicht zusammen, und da fragte ich den Onkel, weil er zu meiner Mutter gesagt hatte, dass er mir nachhelfen will. Und die Tante hat auch gesagt, dass der Onkel so gescheit ist, und dass ich viel lernen kann bei ihm.

Deswegen habe ich ihn gebeten, dass er mir hilft, und er hat sie dann gelesen und gesagt: »Kannst du schon wieder nichts, du nichtsnutziger Lausbub? Das ist doch ganz leicht.«

Und dann hat er sich hingesetzt und hat es probiert. Es ging aber gar nicht schnell. Er rechnete den ganzen Nachmittag, und wie ich ihn fragte, ob er es noch nicht fertig hat, schimpfte er mich fürchterlich und war sehr grob.

Erst vor dem Essen brachte er mir die Rechnung und sagte: »Jetzt kannst du es abschreiben; es war doch ganz leicht, aber ich habe noch etwas anderes tun müssen, du Dummkopf.«

Ich habe es abgeschrieben und dem Professor gegeben. Am Donnerstag kam die Aufgabe heraus, und ich meinte, dass ich einen Einser kriege. Es war aber wieder ein Vierer, und das ganze Blatt war rot, und der Professor sagte: »So eine dumme Rechnung kann bloß ein Esel machen.«

»Das war mein Onkel«, sagte ich, »der hat es gemacht, und ich habe es bloß abgeschrieben.« Die ganze Klasse hat gelacht, und der Professor wurde aber rot.

»Du bist ein gemeiner Lüger«, sagte er, »und du wirst

noch im Zuchthaus enden.« Dann sperrte er mich zwei Stunden ein. Der Onkel wartete schon auf mich, weil er mich immer durchhaute, wenn ich eingesperrt war. Ich schrie aber gleich, dass er schuld ist, weil er die Rechnung so falsch gemacht hat, und dass der Professor gesagt hat, so was kann bloß ein Esel machen.

Da haute er mich erst recht durch, und dann ging er fort. Der Greither Heinrich, mein Freund, hat ihn gesehen, wie er auf der Straße mit dem Professor gegangen ist, und wie sie immer stehen blieben und der Onkel recht eifrig geredet hat.

Am nächsten Tag hat mich der Professor aufgerufen und sagte: »Ich habe deine Rechnung noch einmal durchgelesen; sie ist ganz richtig, aber nach einer alten Methode, welche es nicht mehr gibt. Es schadet dir aber nichts, dass du eingesperrt warst, weil du es eigentlich immer verdienst, und weil du beim Abschreiben Fehler gemacht hast.«

Das haben sie miteinander ausgemacht, denn der Onkel sagte gleich, wie ich heimkam: »Ich habe mit deinem Professor gesprochen. Die Rechnung war schon gut, aber du hast beim Abschreiben nicht aufgepasst, du Lausbub.«

Ich habe schon aufgepasst, es war nur ganz falsch.

Aber meine Mutter schrieb mir, dass ihr der Onkel geschrieben hat, dass er mir nicht mehr nachhelfen kann, weil ich die einfachsten Rechnungen nicht abschreiben kann, und weil er dadurch in Verlegenheit kommt.

Das ist ein gemeiner Mensch.

Der Kindlein

Unser Religionslehrer heißt Falkenberg.

Er ist klein und dick und hat eine goldene Brille auf.

Wenn er was Heiliges redet, zwickt er die Augen zu und macht seinen Mund spitzig.

Er faltet immer die Hände und ist recht sanft und sagt zu uns: »ihr Kindlein«.

Deswegen haben wir ihn den Kindlein geheißen.

Er ist aber gar nicht so sanft. Wenn man ihn ärgert, macht er grüne Augen wie eine Katze und sperrt einen viel länger ein, wie unser Klassprofessor.

Der schimpft einen furchtbar und sagt »mistiger Lausbub«, und zu mir hat er einmal gesagt, er haut das größte Loch in die Wand mit meinem Kopf.

Meinen Vater hat er gut gekannt, weil er im Gebirg war und einmal mit ihm auf die Jagd gehen durfte. Ich glaube, er kann mich deswegen gut leiden und lässt es sich bloß nicht merken.

Wie mich der Merkel verschuftet hat, dass ich ihm eine hineingehaut habe, hat er mir zwei Stunden Arrest gegeben. Aber wie alle fort waren, ist er auf einmal in das Zimmer gekommen und hat zu mir gesagt: »Mach dass du heimkommst, du Lauskerl, du grober! Sonst wird die Supp' kalt.«

Er heißt Gruber.

Aber der Falkenberg schimpft gar nicht.

Ich habe ihm einmal seinen Rock von hinten mit Kreide angeschmiert. Da haben alle gelacht, und er hat gefragt: »Warum lacht ihr, Kindlein?«

Es hat aber keiner etwas gesagt; da ist er zum Merkel

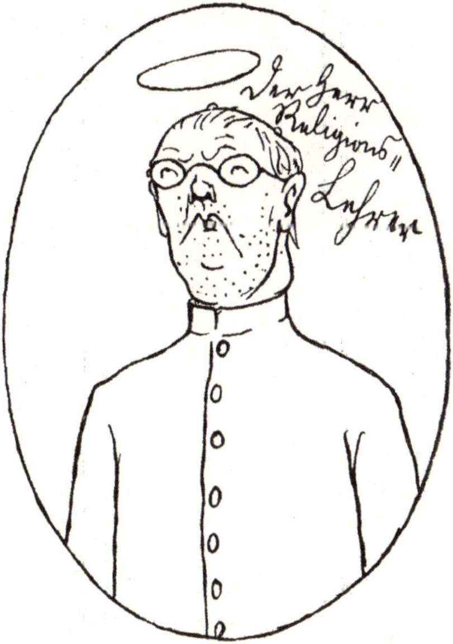

hingegangen und hat gesagt: »Du bist ein gottesfürchtiger Knabe, und ich glaube, dass du die Lüge verabscheust. Sprich offen, was hat es gegeben?«

Und der Merkl hat ihm gezeigt, dass er voll Kreide hinten ist, und dass ich es war.

Der Falkenberg ist ganz weiß geworden im Gesicht und ist schnell auf mich hergegangen. Ich habe gemeint, jetzt krieg' ich eine hinein, aber er hat sich vor mich hingestellt und hat die Augen zugezwickt.

Dann hat er gesagt: »Armer Verlorener! Ich habe immer Nachsicht gegen dich geübt, aber ein räudiges Schaf darf nicht die ganze Herde anstecken.«

Er ist zum Rektor gegangen, und ich habe sechs Stunden Karzer gekriegt. Der Pedell hat gesagt, ich wäre dimittiert geworden, wenn mir nicht der Gruber so geholfen hätte. Der Falkenberg hat darauf bestanden, dass ich dimittiert werde, weil ich das Priesterkleid beschmutzt habe. Aber der Gruber hat gesagt, es ist bloß Übermut, und er will meiner Mutter schreiben, ob er mir nicht ein paar herunterhauen darf. Dann haben ihm die andern recht gegeben, und der Falkenberg war voll Zorn.

Er hat es sich nicht ankennen lassen, sondern er hat das nächste Mal in der Klasse zu mir gesagt: »Du hast gesündigt, aber es ist dir verziehen. Vielleicht wird dich Gott in seiner unbeschreiblichen Güte auf den rechten Weg führen.«

Die sechs Stunden habe ich brummen müssen, und der Falkenberg hat mich nicht mehr aufgerufen; er ist immer an mir vorbeigegangen und hat getan, als wenn er mich nicht sieht.

Den Fritz hat er auch nicht leiden können, weil er mein bester Freund ist und immer lacht, wenn er »Kindlein« sagt. Er hat ihn schon zweimal deswegen eingesperrt, und da haben wir gesagt, wir müssen dem Kindlein etwas antun. Der Fritz hat gemeint, wir müssen ihm einen Pulverfrosch in den Katheder legen; aber das geht nicht, weil man es sieht. Dann haben wir ihm Schusterpech auf den Sessel geschmiert. Er hat sich aber die ganze Stunde nicht daraufgesetzt, und dann ist der Schreiblehrer Bogner gekommen und ist hängen geblieben.

Das war auch recht, aber für den Kindlein hätte es mich besser gefreut.

Der Fritz wohnt bei dem Malermeister Burkhard und hat ihm eine grüne Ölfarbe genommen, wie der Katheder ist. Die haben wir vor der Religionsstunde geschwind hingestrichen, wo er den Arm auflegt.

Da hat es auf einmal geheißen, der Falkenberg ist krank und wir haben Geographie dafür. Da ist der Professor Ulrich eingegangen, weil er voll Farbe geworden ist, und er hat den Pedell furchtbar geschimpft, dass er nichts hinschreibt, wenn frisch gestrichen ist.

Der Kindlein ist uns immer ausgekommen, aber wir haben nicht ausgelassen.

Einmal ist er in die Klasse gekommen mit dem Rektor und hat sich auf den Katheder gestellt. Dann hat er gesagt: »Kindlein, freuet euch! Ich habe eine herrliche Botschaft für euch. Ich habe lange gespart, und jetzt habe ich für unsere geliebte Studienkirche die Statue des heiligen Aloysius gekauft, weil er das Vorbild der studierenden Jugend ist. Er wird von dem Postament zu euch hinunterschauen und ihr werdet zu ihm hinaufschauen. Das wird euch stärken.«

Dann hat der Rektor gesagt, dass es unbeschreiblich schön ist von dem Falkenberg, dass er die Statue gekauft hat, und dass unser Gymnasium sich freuen muss. Am Samstag kommt der Heilige, und wir müssen ihn abholen, wo die Stadt anfangt, und am Sonntag ist die Enthüllungsfeier.

Da sind sie hinausgegangen und haben es in den anderen Klasszimmern gesagt. Und ich und der Fritz sind miteinander heimgegangen.

Da hat der Fritz gesagt, dass der Kindlein es mit Fleiß getan hat, dass wir den Aloysius am Samstagnachmittag holen müssen, weil er uns nicht gönnt, dass wir frei haben. Ich habe auch geschimpft und habe gesagt, ich möchte, dass der Wagen umschmeißt.

Dem Fritz sein Hausherr hat es schon gewusst, weil es in der Zeitung gestanden ist.

Er kann uns gut leiden und redet oft mit uns und schenkt uns eine Zigarre.

Auf den Falkenberg hat er einen Zorn, weil er glaubt, dass sein Pepi wegen dem Falkenberg die Prüfung in die Lateinschule nicht bestanden hat. Ich glaube aber, dass der Pepi zu dumm ist.

Der Hausherr hat gelacht, dass so viel in der Zeitung gestanden ist von dem Heiligen. Er hat gesagt, dass er von Gips ist und dass er ihn nicht geschenkt möchte. Er ist von Mühldorf. Da ist er schon lang gestanden, und niemand hat ihn mögen. Vielleicht hat ihn der Steinmetz hergeschenkt, aber der Falkenberg macht sich schön damit und tut, als wenn er viel gekostet hat. Das ist ein scheinheiliger Tropf, hat der Hausherr gesagt, und wir haben auch geschimpft über den Kindlein.

Dann ist der Samstag gekommen. Das ganze Gymnasium ist aufgestellt worden, und dann haben wir durch die Stadt gehen müssen. Vorne ist der Rektor mit dem Falkenberg gegangen, und dann sind die Professoren gekommen. Der Gruber war nicht dabei, weil er Protestant ist. Oben auf dem Berg ist ein Wirtshaus, wo die Straße von Mühldorf herkommt. Da haben wir gehalten und haben gewartet. Eine halbe Stunde haben wir stehen müssen, bis der Pedell daher gelaufen ist und hat geschrien: »Jetzt bringen sie ihn.«

Da ist ein Leiterwagen gekommen, da war eine große Kiste darauf.

Der Falkenberg ist hingegangen und hat den Fuhrmann gefragt, ob er von Mühldorf ist und den heiligen Aloysius dabeihat. Der Fuhrmann hat gesagt ja, und er hat einen in der Kiste. Da hat sich der Kindlein geärgert, dass der Wagen so schlecht aussieht und keine Tannenbäume darauf sind.

Aber der Fuhrmann hat gesagt, das geht ihn nichts an, er tut bloß, was ihm sein Herr anschafft.

Da haben wir hinter dem Wagen hergehen müssen, und die Glocken von der Studienkirche haben geläutet, bis wir dort waren.

Vor der Kirche hat der Fuhrmann gehalten, und er hat die Kiste herunter tun wollen.

Aber der Falkenberg hat ihn nicht lassen. Die vier Größten von der Oberklasse mussten sie heruntertun und in die Sakristei tragen. Das war der Pointner und der Reichenberger, die andern zwei habe ich nicht gekannt.

Wir haben gehen dürfen, und das Läuten hat aufgehört. Bloß die vier Oberklassler mussten dabei sein, wie der Heilige aufgestellt wurde; die anderen nicht, weil erst morgen die Einweihung war. Wir haben aber gewusst, wo er hingestellt wird.

Bei dem dritten Fenster, weil dort das Postament war und Blumen herum.

Der Fritz und ich sind heimgegangen; zuerst war der Friedmann Karl dabei. Da hat der Fritz gesagt, er muss noch viel büffeln auf den Montag, weil er die dritte Konjugation noch nicht gelernt hat.

»Die haben wir ja gar nicht auf«, hat der Friedmann gesagt.

»Freilich haben wir sie aufgekriegt. Der Gruber hat es ganz deutlich gesagt«, hat der Fritz gesagt. Da ist dem Friedmann angst geworden, weil er immer furchtsam ist, und er ist der Erste.

Er ist gleich von uns weggelaufen, und der Fritz hat zu mir gesagt: »Jetzt haben wir unsere Ruhe vor ihm.«

Ich fragte, warum er ihn fortgeschickt hat, aber der Fritz wartete, bis niemand in der Nähe war. Dann sagte er, dass er jetzt weiß, wie wir den Kindlein darankriegen, und dass wir auf den Aloysius einen Stein hineinschmeißen.

Ich glaubte zuerst, er macht Spaß, aber es war ihm Ernst, und er sagte, dass er es allein tut, wenn ich nicht mithelfe.

Da habe ich versprochen, dass ich mittue, aber ich habe mich gefürchtet, denn wenn es aufkommt, ist alles hin.

Aber der Fritz hat gesagt, dann muss man es so machen, dass kein Mensch nichts merkt, und so eine Gelegenheit kriegen wir nicht mehr, dass wir dem Kindlein etwas antun, was er sich merkt.

Wir haben ausgemacht, dass wir uns um acht Uhr bei den zwei Kastanien an der Salzach treffen. Ich habe daheim gesagt, dass ich mit dem Fritz die dritte Konjugation lernen muss, und bin gleich nach dem Abendessen fort.

Es war schon dunkel, wie ich an die Kastanien hinkam, und ich war froh, dass mir niemand begegnet ist.

Der Fritz war schon da, und wir haben noch gewartet, bis es ganz dunkel war. Dann sind wir neben der Salzach gegangen; einmal haben wir Schritte gehört. Da sind wir hinter einen Busch gestanden und haben uns versteckt.

Es war der Notar; der geht immer spazieren und macht ein Gedicht in das Wochenblatt.

Er hat nichts gemerkt, und wir sind erst wieder vorgegangen, wie er schon weit weg war.

Das Gymnasium und die Studienkirche sind am Ende von der Stadt; es ist kein Mensch hinten, wenn es dunkel ist. Bloß der Pedell, aber er ist auch nicht hinten, sondern beim Sternbräu.

Wir sind hingekommen, und jeder hat einen Stein genommen.

Wir haben die Fenster noch gesehen. Das dritte war es. Der Fritz sagte zu mir: »Du musst gut rechts schmeißen; wenn es an die Wand hingeht, prallt es schon hinein. Und du musst halb so hoch schmeißen, wie das Fenster ist; ich probiere es höher, dann erwischt ihn schon einer.« »Es ist schon recht«, sagte ich, und dann haben wir geschmissen. Es hat stark gescheppert, und wir haben gewusst, dass wir das Fenster getroffen haben.

Gleich hinter dem Gymnasium sind Haselnussstauden; da haben wir uns versteckt und haben gehorcht. Es ist ganz still gewesen und der Fritz sagte: »Das ist fein gegangen. Jetzt müssen wir achtgeben, dass uns niemand gehen sieht.«

Wir sind schnell gelaufen, aber wenn wir etwas gehört haben, sind wir stehen geblieben. Es ist uns niemand begegnet, und beim Fritz seinem Hausherrn sind wir hinten über den Gartenzaun gestiegen und ganz still die Stiege hinaufgegangen.

Der Fritz hat sein Licht brennen lassen, dass sie glaubten, er ist daheim. Wir setzten uns an den Tisch und haben uns abgewischt, weil wir so schwitzten.

Auf einmal ist wer über die Treppe gegangen und hat geklopft.

Ich bin zum Fenster hingelaufen, weil ich noch ganz nass

war, aber der Fritz hat seinen Kopf in die Hand gelegt und hat getan, als wenn er lernt.

Es war die Magd vom Expeditor Friedmann und sie hat gesagt, einen schönen Gruß vom Friedmann Karl, und er glaubt nicht, dass wir die dritte Konjugation aufhaben, weil er den Raithel gefragt hat und den Kranzler, und keiner hat etwas gewusst.

Der Fritz hat seinen Kopf nicht aufheben mögen, weil er auch so geschwitzt hat. Er hat gesagt, dass er es deutlich gehört hat, und er lernt die dritte Konjugation.

Da ist die Magd gegangen, und wir haben gehört, wie sie drunten zu der Frau Burkhard gesagt hat, dass der Fritz so fleißig lernt, und dass es grausam ist, wie viel man in der Schule lernen muss.

Am andern Tag ist Sonntag gewesen, und um acht Uhr war die Kirche und die Feier für den Aloysius.

Aber sie ist nicht gewesen.

Wie ich hingekommen bin, war alles schwarz vor der Türe, so viele Leute sind herumgestanden.

Um den Pedell ist ein großer Kreis gewesen, der Rektor ist danebengestanden und der Falkenberg auch.

Sie haben geredet und dann haben sie zu dem Fenster hinaufgezeigt. Da waren zwei Löcher darin.

Ich habe den Raithel gefragt, was es gibt.

»Dem Aloysius is die Nasen weggehaut«, hat er gesagt.

»Haben s' ihn beim Aufstellen runterfallen lassen?«, habe ich gefragt.

»Nein, es sind Steine hineingeflogen«, hat er gesagt.

Der Föckerer und der Friedmann und der Kranzler sind hergekommen. Der Föckerer macht sich immer gescheit, und er hat gesagt, dass er es zuerst gehört hat.

Er ist dabei gewesen, wie der Falkenberg gekommen ist, und der Pedell hat es ihm gezeigt. Da ist ein furchtbarer Spektakel gewesen, denn wie sie die Löcher in dem Fenster gesehen haben, sind sie hineingegangen, und da haben sie gesehen, dass von dem Aloysius seinem Kopf die Nase und der Mund weg waren, und unten ist alles voll Gips gewesen, und dann hat man zwei Steiner gefunden. Der Föckerer hat gesagt, wenn es aufkommt, wer es getan hat, glaubt er, dass man ihn köpft.

Der Pedell hat es gesagt. –

Ich habe mich nicht gerührt, und der Fritz auch nicht. Er hat nur zum Friedmann gesagt, dass er jetzt die dritte Konjugation kann.

Ich bin zu den Großen hingegangen, wo die Professoren gestanden sind. Der Pedell hat immer geredet.

Er erzählt alles immer wieder von vorne.

Er hat gesagt, dass er daheim war und nachgedacht hat, ob er vielleicht eine Halbe Bier trinken soll. Auf einmal hat seine Frau gesagt, es hat gescheppert, als wenn eine Fensterscheibe hin ist. Wo soll eine Fensterscheibe hin sein? hat er gefragt. Dann haben sie gehorcht, und er hat die Haustüre aufgemacht. Da ist ihm gewesen, als wenn er einen Schritt hört, und er ist in sein Zimmer und hat sein Gewehr geholt. Dann ist er heraus und hat dreimal »Wer da?« gerufen. Denn beim Militär hat er es so gelernt, wo er doch ein Feldwebel war. Und im Krieg haben sie es so gemacht, da ist immer einer Posten gestanden, und wenn er etwas Verdächtiges gehört hat, hat er »Wer da?« rufen müssen. Es hat sich aber nichts mehr gerührt, und er ist im Hofe dreimal herumgegangen und hat nichts gesehen. Und dann ist er zum Sternbräu gegangen, weil er gedacht hat, dass er eine

Halbe Bier trinken muss. Er hat gesagt, wenn er einen gesehen hätte, dann hätte er geschossen, denn wenn einer keine Antwort nicht gibt auf »Wer da«, muss er erschossen werden.

Der Rektor hat ihn gefragt, ob er keinen Verdacht hat.

Da hat der Pedell gesagt, dass er schon einen hat, aber er hat mit den Augen geblinzelt und hat gesagt, dass er es noch nicht sagen darf, weil er ihn sonst nicht erwischt. Wenn nicht gleich so viele Leute herumgestanden wären, hat der Pedell gesagt, dann hätte er ihn vielleicht schon, weil er die Fußspuren gemessen hätte, aber jetzt ist alles verwischt.

Da hat ihn der Rektor gefragt, ob er glaubt, dass er ihn noch kriegt. Da hat der Pedell wieder mit den Augen geblinzelt und hat gesagt, dass er ihn noch erwischt, weil alle Verbrecher zweimal kommen und den Ort anschauen. Und er passt jetzt die ganze Nacht mit dem Gewehr und schreit bloß einmal »Wer da?« und er schießt gleich.

Der Falkenberg hat gesagt, er will beten, dass der Verbrecher aufkommt, aber heute ist keine Kirche nicht, weil man den Aloysius wegräumen muss, und wir müssen heimgehen und auch beten, dass es offenbar wird. Da sind alle gegangen, aber ich bin noch stehen geblieben mit dem Friedmann und dem Raithel, weil der Pedell zu uns hergegangen ist und alles wieder erzählt hat, dass es schepperte und dass seine Frau es zuerst gehört hat.

Und er sagte, dass er den Verbrecher erwischt, und vor eine Woche ganz vorüber ist, erschießt er ihn, oder er schießt ihm vielleicht auf die Füße.

Ich bin zum Fritz gegangen und habe es erzählt. Da haben wir furchtbar lachen müssen.

Hernach ist eine große Untersuchung gewesen, und in jeder Klasse ist gefragt worden, ob keiner nichts weiß.

Und der Kindlein hat gesagt, dass er seinen Schülern keinen Aloysius nicht mehr schenkt, bevor es nicht aufgekommen ist, wer es getan hat.

Wir haben jetzt vor der Religionsstunde immer ein Gebet sagen müssen zur Entdeckung eines grässlichen Frevels.

Es hat aber nichts geholfen, und niemand weiß etwas, bloß ich und der Fritz wissen es.

In den Ferien

Es ist die große Vakanz gewesen, und sie hat schon vier Wochen gedauert. Meine Mutter hat oft geseufzt, dass wir so lange frei haben, weil alle Tage etwas passiert, und meine Schwester hat gesagt, dass ich die Familie in einen schlechten Ruf bringe.

Da ist einmal der Lehrer Wagner zu uns auf Besuch gekommen. Er kommt öfter, weil meine Mutter so viel vom Obst versteht, und er kann sich mit ihr unterhalten.

Er hat erzählt, dass seine Pfirsiche schön werden, und dass es ihm Freude macht.

Und dann hat er auch gesagt, dass die Volksschule in zwei Tagen schon wieder angeht und seine Vakanz vorbei ist.

Meine Mutter hat gesagt, sie möchte froh sein, wenn das Gymnasium auch schon angeht, aber sie muss es noch drei Wochen aushalten.

Der Lehrer sagte: »Ja, ja, es ist nicht gut, wenn die Burschen so lange frei haben. Sie kommen auf alles Mögliche.«

Und dann ist er gegangen. Zufällig habe ich an diesem Tage eine Forelle gestohlen gehabt, und der Fischer ist zornig zu uns gelaufen und hat geschrien, er zeigt es an, wenn er nicht drei Mark dafür kriegt.

Da bin ich furchtbar geschimpft worden, aber meine Schwester hat gesagt: »Was hilft es? Morgen fängt er etwas anderes an, und kein Mensch mag mehr mit uns verkehren. Gestern hat mich der Amtsrichter so kalt gegrüßt, wie er vorbeigegangen ist. Sonst bleibt er immer stehen und fragt, wie es uns geht.«

Meine Mutter hat gesagt, dass etwas geschehen muss, sie weiß noch nicht, was.

Auf einmal ist ihnen eingefallen, ob ich vielleicht in der Vakanz in die Volksschule gehen kann, der Herr Lehrer tut ihnen gewiss den Gefallen.

Ich habe gesagt, das geht nicht, weil ich schon in die zweite Klasse von der Lateinschule komme, und wenn es die anderen erfahren, ist es eine furchtbare Schande vor meinen Kommilitonen. Lieber will ich nichts mehr anfangen und sehr fleißig sein.

Meine liebe Mutter sagte zu meiner Schwester:

»Du hörst es, dass er jetzt anders werden will, und wenn es für ihn doch so peinlich ist wegen der Kolimitonen, wollen wir noch einmal warten.«

Sie kann sich keine lateinischen Worte merken.

Ich war froh, dass es so vorbeigegangen ist, und ich habe mich recht zusammengenommen.

Einen Tag ist es gut gegangen, aber am Mittwoch habe ich es nicht mehr ausgehalten.

Neben uns wohnt der Geheimrat Bischof in der Sommerfrische. Seine Frau kann mich nicht leiden, und wenn ich bloß an den Zaun hinkomme, schreit sie zu ihrer Magd: »Elis, geben Sie acht, der Lausbube ist da.«

Sie haben eine Angorakatze; die darf immer dabeisitzen, wenn sie Kaffee trinken im Freien, und die Frau Geheimrat fragt: »Mag Miezchen ein bisschen Milch? Mag Miezchen vielleicht auch ein bisschen Honig?«

Als wenn sie ja sagen könnte oder ein kleines Kind wäre.

Am Mittwoch ist die Katze bei uns herüben gewesen, und unsere Magd hat sie gefüttert. Da habe ich sie genommen, wie es niemand gesehen hat, und habe sie eingesperrt im Stall, wo ich früher zwei Könighasen hatte.

Dann habe ich aufgepasst, wie sie Kaffee getrunken haben. Die Frau Geheimrat war schon da und hat gerufen: »Miezi! Miezi! Elis, haben Sie Miezchen nicht gesehen?«

Aber die Magd hat es nicht gewusst, und sie haben sich hingesetzt, und ich habe hinter dem Vorhang hinübergeschaut.

Dann hat die Frau Geheimrat zu ihrem Mann gesagt: »Eugen, hast du Miezchen nicht gesehen?«

Und er hat gesagt: »Vüloicht, ich woiß es nücht.« Und dann hat er wieder in der Zeitung gelesen.

Aber die Frau Geheimrat war ganz nachdenklich, und wie sie ein Butterbrot geschmiert hat, hat sie gesagt: »Ich kann mir nicht denken, wo Miezchen bleibt. Sie fängt doch keine Mäuse nicht?«

Indes bin ich geschwind in den Stall und habe die Katze genommen. Ich habe ihr an den Schweif einen Pulverfrosch gebunden und bin hinten an das Haus vom Geheimrat am Zaun und habe den Frosch angezündet. Dann habe ich die Katze freigelassen. Sie ist gleich durch den Zaun geschloffen und furchtbar gelaufen.

Die Magd hat geschrien: »Frau Geheimrat, Mieze kommt schon.« Und dann habe ich die Stimme von ihr gehört, wie sie gesagt hat: »Wo ist nur mein Kätzchen? Da bist du ja! Aber was hat das Tierchen am Schweif?« Dann hat es furchtbar gekracht und gezischt, und sie haben geschrien und die Tassen am Boden hingeschmissen, und wie es still war, hat der Geheimrat gesagt: »Das üst wüder düser ruchlose Lauspube gewösen.«

Ich habe mich im Zimmer von meiner Schwester versteckt; da kann man in unseren Garten hinunterschauen. Meine Mutter und Anna haben auch Kaffee getrunken, und meine liebe Mutter sagte gerade: »Siehst du, Ännchen,

Ludwig ist nicht so schlimm; man muss ihn nur zu behandeln verstehen. Gestern hat er den ganzen Tag gelernt, und es ist gut, dass wir ihn nicht vor seinen Kolimitonen blamiert haben.«

Und Anna sagte: »Ich möchte bloß wissen, warum der Herr Amtsrichter nicht stehen geblieben ist.«

Jetzt ist auf einmal am Eingang von unserem Garten der Geheimrat und die Frau Geheimrat gewesen, und meine Mutter sagte: »Ännchen, sitzt meine Haube nicht schief? Ich glaube gar, Geheimrats machen uns Besuch.«

Und sie ist aufgestanden und ihnen entgegengegangen, und ich hörte, dass sie gesagt hat: »Nein, das ist lieb von Ihnen, dass Sie kommen.« Aber der Geheimrat hat ein Gesicht gemacht, als wenn er mit einer Leiche geht, und sie ist ganz rot gewesen und hat den abgebrannten Frosch in der Hand gehabt und hat erzählt, dass die Katze jetzt wahnsinnig ist und drei Tassen kaputt sind. Und dass es niemand anderer getan hat wie ich.

Da sind meiner Mutter die Tränen heruntergelaufen, und der Geheimrat hat gesagt: »Woinen Sü nur, gute Frau! Woinen Sü über Üren missratenen Sohn!« Und dann haben sie verlangt, dass meine Mutter die Tassen bezahlt, und eine kostet zwei Mark, weil es so gutes Porzellan war.

Ich bin furchtbar zornig geworden, wie ich gesehen habe, dass meine alte Mutter den kleinen, alten Geldbeutel herausgetan hat, und ihre Hände waren ganz zittrig, wie sie das Geld aufgezählt hat.

Die Frau Geheimrat hat es geschwind eingesteckt und hat gesagt, das Schrecklichste ist, dass die arme Katze wahnsinnig geworden ist, aber sie wollen es nicht anzeigen aus Rücksicht für meine Mutter. Dann sind sie gegangen, und er hat noch gesagt: »Der Hümmel prüft Sü hart mit Ürem Künde.«

Ich habe noch länger in den Garten hinuntergeschaut. Da ist meine Mutter am Tisch gesessen und hat sich mit ihrem Sacktuch die Tränen abgewischt, aber es sind immer neue gekommen, und bei Ännchen auch. Das Butterbrot ist auf dem Teller gewesen, und sie haben es nicht mehr essen mögen. Ich bin ganz traurig geworden, und ich bin fort, dass sie mich nicht gesehen haben.

Ich habe gedacht, wie es gemein ist von dem Geheimrat, dass er das Geld genommen hat, und wie ich ihm dafür etwas antun muss. Ich möchte die Katze kaputt machen, dass es niemand merkt, und ihr den Schweif abschneiden. Wenn sie dann ruft: »Wo ist denn nur unser Miezchen?«, schmeiße ich den Schweif über den Zaun hinüber. Aber ich muss mich noch besinnen, wie ich es mache, dass es niemand merkt. Da bin ich wieder lustig geworden, weil ich gedacht habe, was sie für ein Gesicht machen wird, wenn sie bloß mehr den Schweif sieht. Dann bin ich heim zum Essen gegangen. Anna ist schon an der Tür gestanden und hat gesagt, dass ich allein essen muss in meinem Zimmer, und dass ich morgen in die Schule gehen muss. Der Herr Lehrer Wagner hat es angenommen und hat versprochen, dass er mit mir streng ist.

Ich habe schimpfen gewollt, weil es doch eine Schande ist, wenn ein Lateinschüler mit den dummen Schulkindern zusammensitzt, aber ich habe gedacht, dass meine Mutter so geweint hat.

Und da habe ich mir alles gefallen lassen.

Ich bin am andern Tag in die Schule gegangen. Es war bloß ein Zimmer, und da waren alle Klassen darin, und auf der einen Seite waren die Buben und auf der anderen die Mädchen.

Wie ich gekommen bin, hat mich der Lehrer in die erste Bank gesetzt. Dann hat er gesagt, dass sich die Kinder Mühe geben sollen, weil heute ein großer Gelehrter unter ihnen sitzt, der Lateinisch kann.

Das hat mich verdrossen, weil die Kinder gelacht haben. Aber ich habe es mir nicht merken lassen. Einer hat ein Lesestück vorlesen müssen. Es hat geheißen »Der Abend« und ist so angegangen: »Die Sonne geht zur Ruhe, und am Himmel kommt der Abendstern. Die Vöglein verstummen mit ihrem lieblichen Gesange; nur die Grillen zirpen im Felde. Da geht der fleißige Bauersmann heim. Sein Hund bellt freudig, und die Kinder springen ihm entgegen.« So ist es weiter gegangen. Es war furchtbar dumm, und ich habe gedacht, was es für eine Schande ist für einen Lateinschüler, dass er dabeisitzen muss.

Der Lehrer sagte, die Kinder von der siebenten Klasse müssen es nun aus dem Kopfe schreiben und er ladet den Herrn Lateinschüler auch ein.

Er hat mir eine Tafel und einen Griffel gegeben und dann sagte er, dass er eine halbe Stunde in die Kirche fortmuss, und dass die Furtner Marie die Aufsicht hat. Sie war auch von der siebenten Klasse und die Tochter von einem Bauern, der nicht weit von uns ein Haus hat. Da bin ich noch zorniger geworden, dass ich einem Mädel folgen soll.

Wie der Lehrer draußen war, habe ich den Leitner, der neben mir gesessen ist, ganz ruhig gefragt, ob er heute nachmittags zum Fischen mitgehen will.

Da hat die Furtner Marie gerufen: »Ruhig! Wenn du noch einmal schwätzest, wirst du aufgeschrieben.«

»Entschuldigen Sie, Fräulein Lehrerin«, habe ich gesagt, »ich will es nicht mehr tun.«

Dann habe ich einen Schlüssel aus der Tasche gezogen und habe probiert, ob er noch pfeift.

Da ist die Furtner Marie zur Tafel hinaus und hat hingeschrieben: »Thoma hat gepfiffen.«

Ich bin aufgestanden und habe gesagt: »Entschuldigen Sie, Fräulein Lehrerin, was muss ich denn machen, dass Sie mich nicht aufschreiben?«

Sie sagte, dass ich den Aufsatz »Der Abend« schreiben muss.

Da habe ich geschwind etwas geschrieben, und dann bin ich wieder aufgestanden und habe gesagt: »Entschuldigen Sie, Fräulein Lehrerin, darf ich es nicht vorlesen, dass Sie mir sagen, ob es recht ist?«

Da ist die dumme Gans stolz gewesen, dass sie einem Lateinschüler etwas sagen muss, und sie hat gesagt: »Ja, du darfst es vorlesen.«

Da habe ich recht laut gelesen:

»Die Sonne geht zur Ruhe. Der Abendstern ist auf dem Himmel. Vor dem Wirtshause ist es still. Auf einmal geht die Tür auf, und der Hausknecht wirft einen Bauersmann hinaus. Er ist betrunken. Es ist der Furtner Marie ihr Vater.«

Da haben alle Kinder gelacht, und die Furtner hat zu heulen angefangen. Sie ist wieder an die Tafel hin und hat geschrieben: »Thoma war ungezogen.« Das hat sie dreimal unterstrichen. Ich bin aus meiner Bank gegangen und habe den Schwamm genommen und habe ihre Schrift ausgewischt.

Und dann habe ich die Furtner Marie bei ihrem Zopf gepackt und habe sie gebeutelt, und zuletzt habe ich ihr eine

Ohrfeige hineingehauen, damit sie weiß, dass man einen Lateinschüler nicht aufschreibt.

Jetzt ist der Lehrer gekommen, und er war zornig, wie er alles erfahren hat. Er sagte, dass er nur wegen meiner Mutter mich nicht gleich hinauswirft, aber dass er mich zwei Stunden nach der Schule einsperrt. Das hat er auch getan. Wie die Kinder fort waren, habe ich dableiben müssen, und der Lehrer hat die Tür mit dem Schlüssel zugesperrt. Es war schon elf Uhr, und ich habe furchtbar Hunger gehabt, und ich habe auch gedacht, was es für eine Schande ist, dass ich in einer Volksschule eingesperrt bin.

Da habe ich geschaut, ob ich nicht durchbrennen kann und vielleicht beim Fenster hinunterspringen. Aber es war im ersten Stock und zu hoch, und es waren Steine unten. Da schaute ich auf der andern Seite, wo der Garten war. Wenn man auf die Erde springt, tut es vielleicht nicht weh. Ich machte das Fenster auf und dachte, ob ich es probiere. Da habe ich auf einmal gesehen, dass an der Mauer die Latten für das Spalierobst sind, und ich habe gedacht, dass sie mich schon tragen.

Ich bin langsam hinausgestiegen und habe die Füße ganz vorsichtig auf die Latten gestellt. Sie haben mich gut getragen, und wie ich gesehen habe, dass es nicht gefährlich ist, da ist mir eingefallen, dass ich die Pfirsiche mitnehmen kann. Ich habe alle Taschen voll gesteckt und den Hut auch.

Dann bin ich erst heim und legte die Pfirsiche in meinen Kasten.

Am Nachmittag ist ein Brief vom Herrn Lehrer gekommen, dass ich die Schule nicht mehr betreten darf.

Da war ich froh.

Die Verlobung

Unser Klassenprofessor Bindinger hatte es auf meine Schwester Marie abgesehen.

Ich merkte es bald, aber daheim taten alle so geheimnisvoll, dass ich nichts erfahre.

Sonst hat Marie immer mit mir geschimpft, und wenn meine Mutter sagte: »Ach Gott, ja!«, musste sie immer noch was dazu tun und sagte, ich bin ein nichtsnutziger Lausbube.

Auf einmal wurde sie ganz sanft.

Wenn ich in die Klasse ging, lief sie mir oft bis an die Treppe nach und sagte: »Magst du keinen Apfel mitnehmen, Ludwig?« Und dann gab sie Obacht, dass ich einen weißen Kragen anhatte und band mir die Krawatte, wenn ich es nicht recht gemacht hatte.

Einmal kaufte sie mir eine neue, und sonst hat sie sich nie darum gekümmert.

Das kam mir gleich verdächtig vor, aber ich wusste nicht, warum sie es tat.

Wenn ich heimkam, fragte sie mich oft: »Hat dich der Herr Professor aufgerufen? Ist der Herr Professor freundlich zu dir?«

»Was geht denn dich das an?«, sagte ich, »tu nicht gar so gescheit! Auf dich pfeife ich.«

Ich meinte zuerst, das ist eine neue Mode von ihr, weil die Mädel alle Augenblicke was anderes haben, dass sie recht gescheit aussehen. Hinterher habe ich mich erst ausgekannt.

Der Bindinger konnte mich nie leiden, und ich ihn auch nicht. Er war so dreckig.

Zum Frühstück hat er immer weiche Eier gegessen; das sah man, weil sein Bart voll Dotter war.

Er spuckte einen an, wenn er redete, und seine Augen waren so grün, wie von einer Katze.

Alle Professoren sind dumm, aber er war noch dümmer.

Die Haare ließ er sich auch nicht schneiden und hatte viele Schuppen.

Wenn er von den alten Deutschen redete, strich er seinen Bart und machte sich eine Bassstimme.

Ich glaube aber nicht, dass sie einen solchen Bauch hatten und so abgelatschte Stiefel wie er.

Die andern schimpfte er, aber mich sperrte er ein, und er sagte immer: »Du wirst nie ein nützliches Glied der Gesellschaft, elender Bursche!«

Dann war ein Ball in der Liedertafel, wo meine Mutter auch hinging wegen der Marie.

Sie kriegte ein Rosakleid dazu und heulte furchtbar, weil die Näherin so spät fertig wurde.

Ich war froh, wie sie draußen waren mit dem Getue. Am andern Tage beim Essen redeten sie vom Balle, und Marie sagte zu mir: »Du, Ludwig, Herr Professor Bindinger war auch da. Nein, das ist ein reizender Mensch!«

Das ärgerte mich, und ich fragte sie, ob er recht gespuckt hat, und ob er ihr Rosakleid nicht voll Eierflecken gemacht hat. Sie wurde ganz rot, und auf einmal sprang sie in die Höhe und lief hinaus, und man hörte durch die Türe, wie sie weinte.

Ich musste glauben, dass sie verrückt ist, aber meine Mutter sagte sehr böse:

»Du sollst nicht so unanständig reden von deinen Lehrern; das kann Mariechen nicht ertragen.«

»Ich möchte schon wissen, was es sie angeht; das ist doch dumm, dass sie deswegen weint.«

»Mariechen ist ein gutes Kind«, sagte meine Mutter, »und sie sieht, was ich leiden muss, wenn du nichts lernst und unanständig bist gegen deinen Professor.«

»Er hat aber doch den ganzen Bart voll lauter Eierdotter«, sagte ich.

»Er ist ein sehr braver und gescheiter Mann, der noch eine große Laufbahn hat. Und er war sehr nett zu Mariechen. Und er hat ihr auch gesagt, wie viel Sorgen du ihm machst. Und jetzt bist du ruhig!«

Ich sagte nichts mehr, aber ich dachte, was der Bindinger für ein Kerl ist, dass er mich bei meiner Schwester verschuftet.

Am Nachmittag hat er mich aufgerufen; ich habe aber den Nepos nicht präpariert gehabt und konnte nicht übersetzen.

»Warum bist du schon wieder unvorbereitet, Bursche?«, fragte er.

Ich wusste zuerst keine Ausrede und sagte:

»Entschuldigen, Herr Professor, ich habe nicht gekonnt.«

»Was hast du nicht gekonnt?«

»Ich habe keinen Nepos nicht präparieren gekonnt, weil meine Schwester auf dem Ball war.«

»Das ist doch der Gipfel der Unverfrorenheit, mit einer so törichten Entschuldigung zu kommen«, sagte er, aber ich hatte mich schon auf etwas besonnen und sagte, dass ich so Kopfweh gehabt habe, weil die Näherin so lange nicht gekommen war, und weil ich sie holen musste und auf der Stiege ausrutschte und mit dem Kopf aufschlug und furchtbare Schmerzen hatte.

Ich dachte mir, wenn er es nicht glaubt, ist es mir auch wurscht, weil er es nicht beweisen kann.

Er schimpfte mich aber nicht und ließ mich gehen.

Einen Tag danach, wie ich aus der Klasse kam, saß die Marie auf dem Kanapee im Wohnzimmer und heulte furchtbar. Und meine Mutter hielt ihr den Kopf und sagte: »Das wird schon, Mariechen. Sei ruhig, Kindchen!«

»Nein, es wird niemals, ganz gewiss nicht, der Lausbub tut es mit Fleiß, dass ich unglücklich werde.«

»Was hat sie denn schon wieder für eine Heulerei?«, fragte ich.

Da wurde meine Mutter so zornig, wie ich sie gar nie gesehen habe.

»Du sollst noch fragen!«, sagte sie. »Du kannst es nicht vor Gott verantworten, was du deiner Schwester tust, und nicht genug, dass du faul bist, redest du dich auf das arme Mädchen aus und sagst, du wärst über die Stiege gefallen, weil du für sie zur Näherin musstest. Was soll der gute Professor Bindinger von uns denken?«

»Er wird meinen, dass wir ihn bloß ausnützen! Er wird meinen, dass wir alle lügen, er wird glauben, ich bin auch so!«, schrie Marie und drückte wieder ihr nasses Tuch auf die Augen.

Ich ging gleich hinaus, weil ich schon wusste, dass sie noch ärger tut, wenn ich dabei blieb, und ich kriegte das Essen auf mein Zimmer.

Das war an einem Freitag; und am Sonntag kam auf einmal meine Mutter zu mir herein und lachte so freundlich und sagte, ich soll in das Wohnzimmer kommen.

Da stand der Herr Professor Bindinger, und Marie hatte den Kopf bei ihm angelehnt, und er schielte furchtbar. Meine Mutter führte mich bei der Hand und sagte: »Ludwig, unsere Marie wird jetzt deine Frau Professor«, und dann nahm sie ihr Taschentuch heraus und weinte. Und Marie weinte. Der Bindinger ging zu mir und legte seine Hand auf meinen Kopf und sagte: »Wir wollen ein nützliches Glied der Gesellschaft aus ihm machen.«

Die Vermählung

Ich muss noch die Hochzeit von meiner Schwester mit dem Professor Bindinger erzählen. Das war an einem Dienstag, und ich hatte den ganzen Tag frei. Ich kriegte einen neuen Anzug dazu und musste schon in aller Frühe aufstehen, damit ich rechtzeitig fertig war. Denn es war eine furchtbare Aufregung daheim, und es ging immer Tür auf und Tür zu, und wenn es läutete, schrie meine Mutter: »Was ist denn, Kathi?« Und meine Schwester schrie: »Kathi! Kathi!«, und die Kathi schrie: »Gleich! gleich! Ich bin schon da«, und dann machte sie auf, und wenn es ein Mann war, der eine Schachtel brachte oder einen Brief, dann kreischten sie alle und warfen ihre Türen zu, denn sie waren noch nicht ganz angezogen.

Dann kam ein Diener und sagte, der erste Wagen mit den Kindern ist da, und es ging wieder los. Meine Mutter rief: »Bist du fertig, Ludwig?« und Marie schrie: »Aber so mach doch einmal!« Und ich war froh, wie ich drunten war.

Im Wagen saß die Tante Frieda mit ihren zwei Töchtern, der Anna und Elis. Sie hatten weiße Kleider an und Locken gebrannt, wie bei einer Firmung.

Die Tante fragte gleich: »Ist Mariechen recht selig? Das kann man sich denken, so einen hübschen Mann, und hätte kein Mensch gedacht, wo er doch dein Professor war!«

Ich wusste schon, dass die alte Katze immer etwas gegen uns hat und, wo sie kann, meiner Mutter einen Hieb gibt. Aber ich habe sie auch schon oft geärgert, und ich sagte jetzt zu der Anna, dass ihre Sommersprossen immer stärker werden.

Dann waren wir aber an der Kirche und gingen in die

Sakristei, und die Tante musste es hinunterschlucken und freundlich sein, weil sie der Herr Pfarrer anredete.

Jetzt kam ein Wagen, da war Onkel Franz drin mit Tante Gusti und ihrem Sohn Max, den ich nicht leiden kann. Onkel Franz ist der Reichste in der Familie; er hat eine Buchdruckerei und ist sehr fromm, weil er eine katholische Zeitung hat. Wenn man zu ihm geht, kriegt man ein Heiligenbild, aber nie kein Geld oder zu essen. Er tut immer so, als ob er Lateinisch könnte; er war aber bloß in der deutschen Schule. Die Tante Gusti ist noch frömmer und sagt immer zu meiner Mutter, dass wir zu wenig in die Kirche gehen, und daher kommt das ganze Unglück mit mir.

Wie sie hereinkamen, sind sie zuerst auf den Pfarrer los, und dann hat Tante Gusti die Tante Frieda geküsst und Tante Frieda sagte: »Du hast ja heute deinen Granatschmuck an. Das können wir freilich nicht.«

Am meisten hat es mich gefreut, dass der Onkel Hans kam mit Tante Anna. Er ist Förster, und ich war schon in der Vakanz bei ihm. Er war lustig mit mir und hat immer gelacht, wenn ich ihm die Tante Frieda vormachte, die verdammte Wildkatze, sagte er. Heute hatte er einen Hemdkragen an und fuhr alle Augenblicke mit der Hand an seinen Hals. Ich glaube, er war verlegen, weil so viele Fremde dastanden, und ging immer in die Ecke.

Die Sakristei wurde immer voller. Von unserem Gymnasium kamen der Mathematikprofessor und der Schreiblehrer. Und dann die Verwandten vom Bindinger; zwei Schwestern von ihm und ein Bruder, der Turnlehrer an der Realschule ist und die Brust furchtbar herausstreckte. Mit den Herren fuhren immer junge Mädchen, die ich nicht kannte. Nur eine kannte ich, die Weinberger Rosa, eine gute Freundin von Marie.

Alle hatten Blumensträuße; die hielten sie sich immer vor das Gesicht und kicherten recht dumm, wenn es auch gar nichts zum Lachen gab.

Jetzt kam meine Mutter mit dem Onkel Pepi, der Zollrat ist, und gleich darauf der Bindinger und Marie und der Brautführer. Das war ein pensionierter Hauptmann und ein entfernter Verwandter vom Bindinger. Er hatte eine Uniform an mit Orden und Tante Frieda sagte zu Tante Gusti: »Na, Gott sei Dank, dass sie einen Offizier aufgegabelt haben.«

Die Türe von der Sakristei wurde aufgemacht, und wir mussten in einem Zug in die Kirche.

Der Bindinger und Marie knieten in der Mitte vor dem Altar, und der Pfarrer kam heraus und hielt eine Rede und fragte sie, ob sie verheiratet sein wollen. Marie sagte ganz leise ja, aber der Bindinger sagte es mit einem furchtbaren Bass. Dann wurde eine Messe gelesen, die dauerte so lange, dass es mir fad wurde.

Ich schaute zum Onkel Hans hinüber, der von einem Bein auf das andere stand und in seinen Hut hineinsah und räusperte und sich am Kopf kratzte.

Dann sah er, dass ich ihn anschaute, und er blinzelte mit den Augen und deutete mit dem Daumen verstohlen auf die Tante Frieda hinüber. Und dann fletschte er mit den Zähnen, wie sie es immer macht. Ich konnte mich nicht mehr halten und musste lachen. Der Bruder vom Bindinger klopfte mir auf die Schulter und sagte, ich solle mich anständiger betragen, und Tante Gusti stieß Tante Frieda an, dass sie zu mir herübersah, und dann schauten alle zwei ganz verzweifelt an die Decke und schüttelten ihre Köpfe.

Endlich war es aus, und wir zogen alle in die Sakristei. Da ging das Gratulieren an; die Herren drückten dem Bindinger die Hand, und die Tanten und die Mädchen küssten alle die Marie.

Und Tante Gusti und Tante Frieda gingen zu meiner Mutter, die danebenstand und weinte, und sagten, es ist ein glücklicher Tag für sie und alle.

Dann umarmten sie auch meine Mutter und küssten sie, und Onkel Hans, der neben mir stand, hielt seinen Hut vor und sagte: »Gib acht, Ludwig, dass sie deine alte Mutter nicht beißen.«

Ich musste nun auch zum Bindinger hin und gratulieren. Er sagte: »Ich danke dir und ich hoffe, dass du dich von jetzt ab gründlich bessern wirst.« Marie sagte nichts, aber sie gab mir einen herzhaften Kuss, und meine Mutter strich mir über den Kopf und sagte unter Tränen: »Gelt, Ludwig, das versprichst du mir, von heute ab wirst du ein anderer Mensch.«

Ich hätte beinahe weinen müssen, aber ich tat es nicht, weil Tante Frieda nahe dabei war und ihre grünen Augen auf mich hielt. Aber ich nahm mir fest vor, meiner lieben Mutter keinen Verdruss mehr zu machen.

Im Gasthaus zum Lamm war das Hochzeitsmahl. Ich saß zwischen Max und der Anna von Tante Frieda. Von meinem Platze aus sah ich Marie und den Bindinger; meine Mutter sah ich nicht, weil sie durch einen großen Blumenstrauß versteckt war. Zuerst gab es eine gute Suppe und dann einen großen Fisch.

Dazu kriegten wir Weißwein, und ich sagte zu Max, er soll probieren, wer es schneller austrinken könnte. Er tat es, aber ich wurde früher fertig, und der Kellner kam und schenkte uns nochmal ein.

Da klopfte Onkel Pepi an sein Glas und hielt eine Rede, dass die Familie ein schönes Fest feiert, indem sie ein aufgeblühtes Mädchen aus ihrer Mitte einem wackeren Manne gab und mit ihm ein Band knüpft und die Versicherung hat, dass es zum Guten führt. Und er ließ den Bindinger und Marie hochleben. Ich schrie fest mit und probierte noch einmal mit Max, wer schneller fertig ist.

Er verlor wieder und kriegte einen roten Kopf, wie er ausgetrunken hatte. Dann gab es einen Braten mit Salat.

Auf einmal klopfte es wieder, und Onkel Franz stand auf. Er sagte, dass eine Eheschließung sehr erhaben ist, wenn sie noch in der Kirche gemacht wird und ein Diener Gottes dabei ist.

Wenn aber die Kinder katholisch erzogen werden, ist es ein Verdienst der Eltern.

Darum, sagte er, nach dem jungen Ehepaar muss man an die Alten denken, besonders an die Frau, welche das Mädchen so trefflich erzogen hat; und er ließ meine Mutter leben.

Das freute mich furchtbar, und ich schrie recht laut und ging auch mit meinem Weinglas zu ihr hin. Sie war aufgestanden, und ihr gutes Gesicht war ganz rot, wie sie mit allen anstieß. Sie sagte immer: »Das hätte mein Mann noch erleben müssen«, und Onkel Hans stieß fest mit ihr an und sagte: »Ja, der müsste von Rechts wegen dasitzen, und du bist eine liebe alte Haut.« Dann trank er sein Glas auf einmal aus und schüttelte jedem die Hand, der an ihm vorbeikam, und sagte immer wieder: »Weiß der Teufel, der müsste dasitzen!«

Wir kriegten noch ein Brathuhn und Kuchen und Gefrorenes, und der Kellner ging herum und schenkte Champagner ein. Ich sagte zum Max: »Da ist es viel härter, auf einmal auszutrinken, weil es so beißt.« Er probierte es, und es ging auch, aber ich tat nicht mit, sondern ich setzte mich zum Onkel Hans hinüber.

Alle waren lustig, besonders die jungen Mädchen lachten recht laut und stießen immer wieder an. Aber Tante Frieda schaute herum und redete eifrig mit Tante Gusti. Ich hörte, wie sie sagte, dass man zu ihrer Zeit nicht so frei gewesen ist.

Und Tante Gusti sagte, die Hochzeit ist eigentlich ein bisschen verschwenderisch, aber die Schwägerin hat immer für ihre Kinder zu viel Aufwand gemacht.

Da klopfte es wieder, und Onkel Franz stand auf und sagte, dass sein Sohn Max zu Ehren seines verehrten Lehrers, des glücklichen Bräutigams, ein Gedicht vortragen wird.

Alles war still, und Max stand auf und probierte anzufangen. Aber er konnte nicht, weil er umfiel und käsweiß war.

Da gab es ein rechtes Geschrei, und Tante Gusti schrie immer: »Was hat das Kind?«

Die meisten lachten, weil sie sahen, dass es ein Rausch war, und Tante Frieda half mit, dass sie den Max in das Nebenzimmer brachten.

Sie legten ihn auf das Sofa, und es wurde ihm schlecht, und Tante Frieda blieb lange aus, weil sie ihr Kleid putzen musste. Wie sie hereinkam, sagte sie zu mir, dass ihr Anna schon gesagt hat, dass ich schuld bin, aber niemand passte auf, weil der Bindinger und Marie fortgingen.

Marie weinte auf einmal furchtbar und fiel immer wieder der Mutter um den Hals. Und der Bindinger stand daneben und machte ein Gesicht, wie bei einem Begräbnis. Die Mutter sagte zu Marie: »Nun bist du ja glücklich, Kindchen! Nun hast du ja einen braven Mann.«

Und zum Bindinger sagte sie: »Du machst sie glücklich, gelt? das versprichst du mir?«

Der Bindinger sagte: »Ja, ich will es mit Gott versuchen.« Dann musste Marie von den Tanten Abschied nehmen, und unsere Cousine Lottchen, die schon vierzig Jahre alt ist, aber keinen Mann hat, weinte am lautesten.

Endlich konnten sie gehen. Der Bindinger ging voran und Marie trocknete sich die Tränen und winkte meiner Mutter unter der Türe noch einmal zu.

»Da geht sie«, sagte meine Mutter ganz still für sich.

Und Lottchen stand neben ihr und sagte: »Ja, wie ein Lamm zur Schlachtbank.«

Das Baby

In der Ostervakanz sind der Bindinger und die Marie gekommen, weil er jetzt Professor in Regensburg war und nicht mehr hier bei uns.

Sie haben ihr kleines Kind mitgebracht. Das ist jetzt zwei Jahre alt und heißt auch Marie. Meine Schwester heißt es aber Mimi, und meine Mutter sagt immer Mimili.

Wie es der Bindinger heißt, weiß ich nicht genau. Er sagt oft Mädele, aber meistens, wenn er damit redet, spitzt er sein Maul und sagt: Duzi, duzi! Du, du!

Es hat einen sehr großen Kopf, und die Nase ist so aufgebogen wie beim Bindinger. Den ganzen Tag hat es den Finger im Mund und schaut einen so dumm an.

Wie sie gekommen sind, ist meine Mutter auf die Bahn, und dann sind sie mit einer Droschke hergefahren.

Meine Mutter und die Marie haben das kleine Mädel an der Hand geführt. Der Bindinger ist hinterdrein gegangen.

Über die Stiege hinauf haben sie schon lebhaft miteinander gesprochen, und meine Mutter sagte immer: »Also da seid ihr jetzt, Kinder! Nein, wie das Mimili gewachsen ist! Das hätte ich nicht für möglich gehalten.«

»Ja, gelt Mama, du findest auch? Alle Leute sagen es. Doktor Steininger, unser Arzt, weißt du, findet es ganz merkwürdig. Nicht wahr, Heini?«

Dann hörte ich dem Bindinger seine tiefe Stimme, wie er sagte: »Ja, es gedeiht sichtlich, Gott sei Dank!« Endlich sind sie oben gewesen, und ich bin unter der Tür gestanden.

Meine Schwester gab mir einen Kuss, und der Bindinger schüttelte mir die Hand und sagte: »Ach, da ist ja unser

Studiosus! Der Cäsar wird dir wohl einige Schwierigkeiten machen? Gallia est omnis divisa in partes tres, haha!«

Ich glaubte, dass er mich schon examinieren wollte, aber meine Mutter rief: »Ja, Ludwig, du hast ja Mimili noch gar nicht begrüßt und siehst doch dein kleines Nichtchen zum ersten Mal! Sieh nur her! Wie lieb und hübsch sie ist!«

Ich fand es gar nicht hübsch; es war wie alle kleinen Kinder. Aber ich tat so, als wenn es mir gefällt, und lachte recht freundlich. Das freute meine gute Mutter und sie sagte zu Marie: »Siehst du? Ich wusste es gleich, dass ihm Mimili gefallen wird. Sie ist auch zu reizend!«

Im Wohnzimmer war ein Frühstück hergerichtet; unsere Kathi musste Bratwürste holen, und es gab Märzenbier dazu.

Ich freute mich, aber die andern hatten keine Zeit zum Essen, weil sie immer um das Kind herum waren.

Es musste seine Hände herzeigen, und wie ihm die Kapuze abgenommen wurde, sah man, dass es blonde Locken hatte, und da schrien sie wieder, als ob es was Besonderes wäre.

Meine Mutter küsste es auf den Kopf, und Marie sagte in einem fort: »Mimi, das ist deine Omama!« Und der Bindinger bückte sich, dass er ganz rot wurde und sagte: »Du, du! Duzi, duzi!«

Da heulte es auf einmal, und die Marie wisperte meiner Mutter ins Ohr, und sie gingen schnell hinaus damit.

Der Bindinger blieb herin, aber er setzte sich nicht zum Essen her, sondern ging auf und ab und machte ein ängstliches Gesicht.

Dann rief er zur Tür hinaus: »Marie, es ist doch hoffentlich nichts Ernsteres.«

»Nein, nein!«, sagte Marie, »es ist schon vorbei.«

Dann kamen sie wieder herein mit dem Kind, und meine Mutter sagte: »Die lange Bahnfahrt, und dann das Ungewohnte, und die Aufregung! Das kommt alles zusammen.«

Ich war froh, wie sie einmal saßen und das Kind auf dem Kanapee ließen, denn die Bratwürste waren schon kalt.

Jetzt fingen wir an zu essen und zu trinken, und stießen mit den Gläsern auf fröhliche Ostern an.

Meine Mutter sagte, dass sie schon lange nicht mehr so vergnügt gewesen ist, weil wir alle beisammen sind, und Marie so gut aussieht, und das herzige Mimili. Und ich hätte auch ein besseres Zeugnis heimgebracht als sonst. Ich musste es dem Bindinger bringen, und er las es vor. »Der Schüler könnte bei seiner mäßigen Begabung durch größeren Fleiß immerhin Besseres leisten.« Dann kamen die Noten. Lateinische Sprache III.

»Hm! Hm!«, sagte der Bindinger, »das entspricht meinen Erwartungen. Mathematik II–III, griechische Sprache III–IV.«

»Warum bist du hierin so schwach?«, fragte er mich.

»Über das Griechische klagt Ludwig oft«, sagte meine Mutter; »es muss sehr schwierig sein.«

Ich wollte, sie hätte mich nicht verteidigt; denn der Bindinger redete jetzt so viel, dass mir ganz schlecht wurde.

Er strich seinen Bart und tat, als ob er in der Schule wäre.

»Wie kann man eine solche Ansicht äußern!«, sagte er. »Das ist sehr betrübend, wenn man diesen verkehrten Meinungen immer und immer wieder begegnet. Gerade die griechische Sprache ist wegen ihres Ebenmaßes und der Klarheit der Form hervorragend leicht. Sie ist spielend leicht zu erlernen!«

»Warum hast du dann III–IV?«, fragte mich meine Mutter, »du musst jetzt sagen, wo es fehlt, Ludwig.«

Ich war froh, dass der Bindinger nicht wartete, was ich sagen werde. Er legte ein Bein über das andere und sah auf die Decke hinauf und redete immer lauter.

»Haha!«, sagte er, »die griechische Sprache ist schwierig! Ich wollte noch schweigen, wenn ihr den dorischen Dialekt im Auge hättet, da seine härtere Mundart gewisse Schwierigkeiten bietet. Aber der attische, diese glückliche Ausbildung des altjonischen Dialektes! Das ist unerhört! Diese Behauptung zeugt von einem verbissenen Vorurteil!«

Meine Mutter war ganz unglücklich und sagte immer: »Aber ich meinte bloß… aber weil Ludwig…«

Marie half ihr auch und sagte: »Heini, du musst doch denken, dass Mama es nicht böse meint.«

Da hörte er auf, und ich dachte, dass er immer noch so dumm ist wie früher.

»Heini ist furchtbar eifrig in seinem Beruf; sonst ist er so gut, aber da wird er gleich heftig«, sagte Marie, und meine Mutter war gleich wieder lustig.

»Das muss sein«, sagte sie, »in seinem Berufe muss man eifrig sein. Und du weißt jetzt, Ludwig, wie leicht das Griechische ist. Ja, was macht denn das kleine Mimili? Das sitzt so brav da und sagt gar nichts!«

Das Mädel schaute meine Mutter an und lachte. Auf einmal machte es seinen Mund auf und sagte: »Gugu – dada.«

Es strampelte mit den Beinen und streckte seine Hand dabei aus.

Es war doch gar nichts, aber alle taten, als wenn ein Wunder gewesen ist.

Meine Mutter war ganz weg und rief immer: »Habt ihr gehört! Das Kind! Gugu – dada!«

»Sie meint, der gute Papa. Gelt, Mimi? Und die liebe Omama!«, sagte Marie.

»Nein, wie das Kind gescheit ist!«, sagte meine Mutter. »In dem Alter! Das habe ich noch nicht erlebt. Das liebe Herzchen!«

Der Bindinger lachte auch, dass man seine großen Zähne sah. Er bückte sich über den Tisch und stach dem Mädchen mit dem Zeigefinger in den Bauch und sagte: »Wart, du Kleine, duzi, duzi!« Und zu meiner Mutter sagte er: »Sie hat einen lebhaften Geist und beobachtet ihre Umgebung mit sichtlicher Teilnahme. Ich hoffe, dass sie sich in dieser Richtung weiterentwickelt.«

Meine Mutter wollte, dass ich es auch sehe, aber ich war so giftig auf den Bindinger und fragte: »Was hat es denn gesagt?«

»Hast du nicht gehört, wie sie ganz deutlich sagte: gugu – dada?«

»Das ist doch gar nichts«, sagte ich.

»Es heißt der gute Papa«, sagte Marie und wurde ganz weinerlich. »Du bist recht abscheulich, Ludwig!«

»Wie kannst du das nicht verstehen?«, sagte meine Mutter und schaute mich zornig an. »Das versteht jeder Mensch.«

»Ich kann es gar nicht verstehen«, sagte ich.

»Weil du überhaupt nichts weißt, loser Bube!«, schrie Bindinger und machte blitzende Augen, wie in der Schule; »wenn du jemals den Aristoteles kennen lernen wirst, so wirst du begreifen, dass die Sprache unseres Kindes die onomatopoetische, die schallnachahmende Wortbildung ist.«

Er brüllte so laut, dass der Fratz zu weinen anfing. Marie nahm es auf den Arm und ging damit auf und ab. Meine Mutter ging daneben und sagte: »Will das Kindchen lustig sein? Will das Kindchen nicht mehr sprechen, gugu – dada?«

Aber der Bindinger lief hinterdrein und sagte: »Nein, es soll nicht sprechen! Es soll hier nicht mehr sprechen! Dieser Bube hat vor nichts Ehrfurcht.«

Ich machte mir aber gar nichts daraus.

Gute Vorsätze

Ich war auf einmal furchtbar fromm. Drei Wochen lang hat uns der Religionslehrer Falkenberg vorbereitet auf die heilige Kommunion, und ich habe zum Fritz gesagt: »Wir müssen ein anderes Leben anfangen.«

Den Fritz hat es auch gepackt, weil der Falkenberg einmal so weinte und sagte, er kann es nicht verantworten, einen verdorbenen Knaben zum Tisch des Herrn zu schicken.

Weil neulich vor dem Kommunionunterricht an die Türschnalle Senf hingeschmiert war und der Religionslehrer meinte, es ist etwas anderes.

Ich habe gewusst, dass es der Fritz getan hat, und ich habe mich schon gefreut, dass der Falkenberg eingegangen ist, aber er hat uns eine halbe Stunde lang beten lassen, dass die Freveltat vorübergeht. Und wie es vorbei war, sagte der Fritz zu mir, ob ich glaube, dass wir es weggebetet haben. Ich sagte, dass ich es glaube, weil der Falkenberg sonst nicht aufgehört hätte. Aber ich sagte: »Du musst auch ein anderer werden, Fritz. Probiere es nur, es geht ganz gut.« Er fragte, ob ich es fertiggebracht habe.

Ich sagte: »Ja, weil ich jetzt furchtbar fromm bin. Die Tante Fanny gibt immer Obacht, wenn ich im Gebetbuch lese, und sagt zu Onkel Pepi, dass mit mir eine Veränderung geschehen ist. Sie glaubt, dass ich in mich gegangen bin, und ich glaube es auch, weil ich jetzt schon eine Viertelstunde lang beten kann und nicht denke, wie ich der Tante etwas antue.«

Der Fritz sagte, er will morgen anfangen, aber heute muss er noch dem Schuster Rettenberger das Fenster einschmeißen, denn er hat ihn beim Pedell verschuftet, dass er ihn mit einer Zigarre gesehen hatte.

Ich sagte, er solle warten bis nach der Kommunion, weil ich mittun möchte, aber Fritz sagte, dass er nicht beten kann, vor er das Fenster kaputt geschmissen hat, weil er voll Zorn ist.

Der Kettenberger lacht immer, wenn er ihn sieht, und gestern hat er ihm nachgeschrien: »Gelt, ich hab dich schön erwischt, du Lausbub, du miserabliger.«

Da habe ich denn Fritz recht gegeben, weil es eine solche Gemeinheit ist, und ich hätte so gerne mitgetan.

Aber es ging nicht, denn ich habe mich schon acht Tage lang vorbereitet, und da hätte ich wieder von vorne anfangen müssen. Das ist gar nicht leicht.

Die Tante Fanny hat Obacht gegeben, dass ich nicht auslasse. Sie hat mir recht wenig zum Essen gegeben, weil man sich täglich einmal abtöten muss, aber die Magd hat zu mir gesagt, dass sie ein Knack ist und sparen will.

Vor dem Bettgehen habe ich Gewissenserforschung treiben müssen; da habe ich den Beichtspiegel vorgelesen, und der Onkel Pepi und die Tante haben alles erklärt. Der Onkel Pepi ist ganz heilig. Er ist Sekretär am Gericht, aber er sagt oft, dass er ein Pfarrer hat werden wollen, aber weil er kein Geld hatte, ist er mit dem Studieren nicht fertig geworden.

Wie er einmal mit der Tante recht gestritten hat, da hat die Tante gesagt, dass er zu dumm war für das Gymnasium. Der Falkenberg mag ihn gerne, weil er alle Tage in die Kirche geht und ihm alles sagt, was die Leute im Wirtshaus reden.

Meine Mutter hat ihm geschrieben, dass er mich unterstützt und belehrt für die heilige Handlung, damit ich so fromm werde wie er.

Das hat ihn gefreut, und er ist alle Tage bis neun Uhr dageblieben und hat gepredigt. Dann ist er in das Wirtshaus gegangen.

Einmal hat er aus einem Buche vorgelesen, dass man täglich sein Gewissen erforschen muss und es machen soll wie der heilige Ignatius.

Er hat alle Sünden in ein Büchlein geschrieben und es unter sein Kopfkissen gesteckt.

Das habe ich auch getan; aber da habe ich es vergessen, und wie ich aus der Klasse heimkam, hat mich der Onkel Pepi gerufen und gesagt: »Du hast voriges Jahr aus meiner Hosentasche zwei Mark gestohlen.« Da habe ich gemerkt, dass er meine Gewissenserforschung gelesen hat, aber es waren bloß sechzig Pfennig.

Die Tante hat gesagt, weil es ein Beichtgeheimnis ist, darf man es meiner Mutter nicht schreiben.

Da war ich froh. Nach dem Essen hat der Onkel das Seelenbad vorgelesen, wo eine Geschichte darin stand vom heiligen Antonius. Zu dem ist ein Mann gekommen, der viele Sünden hatte, und hat beichten wollen. Der Heilige hat ihm angeschafft, dass er seine Sünden aufschreibt, und das tat der Mann.

Wie er dann seine Sünden gelesen hat, ist jedes Mal eine Sünde, die er reumütig gebeichtet hat, von unsichtbarer Hand ausgelöscht worden.

Der Onkel hat die Geschichte zweimal vorgelesen, und dann hat er zur Tante gesagt:

»Liebe Fanny, es ist auch für uns eine Lehre in diesem wunderbaren Vorfalle. Wenn Gott die Sünden verzeiht, müssen wir dem Beispiele folgen.«

»Aber seine Mutter muss es ersetzen«, sagte die Tante.

»Natürlich«, sagte der Onkel, »das ist notwendig wegen der Gerechtigkeit.«

»Und du sollst nicht so viel Geld in den Hosensack stecken«, sagte die Tante, »warum nimmst du so viel in das Wirtshaus mit? Drei Glas Bier sind genug für dich, das macht sechsunddreißig Pfennig, aber natürlich, ihr müsst ja der Kellnerin ein Trinkgeld geben, als wenn du etwas zum Verschenken hättest mit deinem Gehalt.«

»Das gehört nicht hierher«, sagte der Onkel, »was soll der Bursche denken, wenn du seine Aufmerksamkeit ablenkst.«

»Er wird denken, dass er dir noch mehr stiehlt, wenn du so viel Geld in den Hosensack steckst«, sagte die Tante. »Wer weiß, wie viel er schon genommen hat. Du natürlich weißt es nicht, weil du ja nicht achtgibst, als hättest du den Gehalt von einem Präsidenten.«

»Ich habe bloß einmal die sechzig Pfennig genommen«, sagte ich.

»Es waren wenigstens zwei Mark«, sagte der Onkel, »aber ich verzeihe dir, wenn du es aufrichtig bereust und gegen diesen Fehler ankämpfen willst. Du musst den heiligen Vorsatz fassen, dass du es nie mehr tust und die Versuchung meidest und meinen Hosensack nie mehr aussuchst.«

Ich war furchtbar zornig, aber ich durfte es nicht merken lassen. Ich dachte, wenn die Kommunion vorbei ist, dann will ich ihn schon ärgern, dass er blau wird. Vielleicht mache ich seine Goldfische kaputt oder etwas anderes.

Es waren bloß mehr fünf Tage.

Der Tante Frieda ihre Anna durfte heuer auch zum ersten Mal zur Kommunion gehen, und sie haben ein ekelhaftes Getu mit ihr. Die Anna ist eine falsche Katze, und ich habe sie nie leiden mögen, aber jetzt bin ich noch giftiger auf sie, weil die Tante Frieda immer von ihr redet und sich so dick macht damit.

Die Tante Frieda ist die beste Freundin von der Tante Fanny, und sie sagen allemal etwas über meine Mutter, wenn sie beisammen sind.

Am Abend ist die Tante Frieda öfter gekommen, und wie sie einmal gehört hat, dass wir Andachtsübungen machen, hat sie zum Onkel Pepi gesagt:

»Du tust ein gutes Werk an dem Burschen; ich fürchte bloß, dass es nicht viel hilft.«

Und dann fragte sie mich, ob ich mich auf die heilige Handlung ordentlich vorbereite.

Ich sagte, dass ich schon zwei Wochen mich vorbereite.

»Vorbereiten und vorbereiten ist ein Unterschied. Ach Gott«, sagte sie, »ich weiß nicht, mein Ännchen flößt mir beinahe Angst ein. So durchgeistigt kommt sie mir vor und so angegriffen von dem Gedanken an ihre erste Kommunion. Und denkt euch nur, wie das Kind spricht! Am letzten Freitag wollte ich ihr ein bisschen Fleischsuppe geben, weil sie doch schwächlich ist. Aber sie hat es um keinen Preis nicht genommen. Ich sagte, es ist doch eine Kleinigkeit. ›Nein‹, sagte sie, ›liebe Mutter, kann das eine Kleinigkeit sein, was Gott beleidigt?‹ Und ihre Augen glänzten ganz dabei. Mir ist ganz anders geworden. Liebe Mutter, hat sie gesagt, kann das eine Kleinigkeit sein, was Gott beleidigt?«

Tante Fanny war erstaunt und nickte mit dem Kopfe auf und ab, und der Onkel Pepi machte große Augen auf mich und hatte Wasser darin. Er sagte zu mir: »Hörst du das?«

Ich sagte, dass ich es schon gelesen habe, weil es eine Heiligengeschichte ist, die wo in unserem Vorbereitungsbuche steht.

Tante Frieda ärgerte sich furchtbar, dass ich es wusste. Sie sagte, dass sie es nicht glaubt, weil ich immer lüge, aber wenn es wahr ist, dann macht es auch nichts, weil man sieht, dass Ännchen die Moral in sich aufgenommen hat.

Und sie erzählte, dass Anna gestern nicht geschlafen hat und weinend im Bett gesessen ist. »Was hast du, Kind?«, hat sie gefragt. »Ich habe ein Stück Brotrinde gegessen«, hat Anna gesagt. »Warum sollst du keine Brotrinde nicht essen?«, hat die Tante Frieda gefragt. »Weil das Essen schon vorbei war, und die Brotrinde war nicht für mich bestimmt, das war ein Unrecht, und ich habe so fest vorgehabt, dass ich keine Sünde mehr begehe«, hat die Anna gesagt, und sie hat noch mehr geweint. »So ist das Kind«, sagte die Tante Frieda, »sie kommt mir oft überirdisch vor, und ich kann sie nicht beruhigen.«

»Es gibt Kinder, welche zwei und drei Mark aus einem Hosensacke stehlen und keine Unruhe verspüren«, sagte Onkel Pepi. Und die Tante Frieda wusste es schon von der Tante Fanny und sagte: »Es ist der Fluch der milden Erziehung.«

Das habe ich alles hören müssen, und ich war froh, wie der Kommuniontag da war. Meine liebe Mutter hat mir einen schwarzen Anzug geschickt und eine große Kerze.

Sie hat mir geschrieben, dass es ihr weh tut, weil sie nicht dabei sein kann, aber ich soll mir vornehmen, ein anderes Leben anzufangen und ihr bloß Freude zu machen.

Das habe ich mir auch vorgenommen.

Wir waren vierzehn Erstkommunikanten von der Lateinschule, und die Frau Pedell hat zu uns gesagt, dass sie weinen muss, weil wir so feierlich ausgesehen haben, wie lauter Engel. Der Fritz hat auch ein ernstes Gesicht gemacht, und ich habe ihn beinahe nicht gekannt, wie er langsam neben mir hergegangen ist.

Wir waren auf der einen Seite aufgestellt. Auf der anderen Seite waren die Mädel aufgestellt von der höheren Töchterschule. Da war die Anna dabei. Sie hat ein weißes Kleid angehabt und Locken gebrennt. Ich habe sie in der Sakristei angeredet, vor wir in die Kirche hineinzogen.

Sie sagte, dass sie heute recht heiß und innig für meine Besserung beten will.

Ich habe mich nicht geärgert, weil ich so friedfertig war, und in der Kirche war ich nicht wie sonst. Ich habe gar nicht gemerkt, dass es lang gedauert hat, und ich habe nicht gedacht, was ich nachher tue. Ich habe gemeint, es ist jetzt alles anders.

Viele Eltern, die da waren, haben ihre Kinder geküsst, wie alles vorbei war, und ich bin zur Tante Fanny und zum Onkel Pepi hingegangen.

Da stand die Tante Frieda bei ihnen und sagte zu mir: »Du hast die dickste Kerze gehabt. Keiner hat eine so dicke Kerze gehabt wie du. Sie hat gewiss um zwei Mark mehr gekostet als die, welche ich meinem Ännchen gab. Aber deine Mutter will immer oben hinaus.«

Und die Tante Fanny sagte: »Natürlich, wenn man einen höheren Beamten geheiratet hat.«

Da habe ich gesehen, dass sie einen nicht fromm sein lassen, und ich habe mit dem Fritz was ausgemacht.

Er wohnt auch in der weiten Gasse und kann der Tante Frieda in die Wohnung sehen. Da steht ein Schrank mit einem Spiegel; und der Fritz hat eine Luftpistole.

Aber jetzt hat der Spiegel auf einmal ein Loch gehabt.

Der vornehme Knabe

Zum Scheckbauern ist im Sommer eine Familie gekommen. Die war sehr vornehm, und sie ist aus Preußen gewesen.

Wie ihr Gepäck gekommen ist, war ich auf der Bahn, und der Stationsdiener hat gesagt, es ist lauter Juchtenleder, die müssen viel Gerstl haben.

Und meine Mutter hat gesagt, es sind feine Leute, und du musst sie immer grüßen, Ludwig.

Er hat einen weißen Bart gehabt, und seine Stiefel haben laut geknarrzt.

Sie hat immer Handschuhe angehabt, und wenn es wo nass war auf dem Boden, hat sie huh! geschrien und hat ihr Kleid aufgehoben.

Wie sie den ersten Tag da waren, sind sie im Dorf herumgegangen. Er hat die Häuser angeschaut und ist stehen geblieben. Da habe ich gehört, wie er gesagt hat: »Ich möchte nur wissen, von was diese Leute leben.«

Bei uns sind sie am Abend vorbei, wie wir gerade gegessen haben. Meine Mutter hat gegrüßt und Ännchen auch. Da ist er hergekommen mit seiner Frau und hat gefragt: »Was essen Sie da?«

Wir haben Lunge mit Knödel gegessen, und meine Mutter hat es ihm gesagt.

Da hat er gefragt, ob wir immer Knödel essen, und seine Frau hat uns durch einen Zwicker angeschaut. Es war aber kein rechter Zwicker, sondern er war an einer kleinen Stange, und sie hat ihn auf- und zugemacht.

Meine Mutter sagte zu mir: »Steh auf, Ludwig, und mache den Herrschaften dein Kompliment«, und ich habe es gemacht.

Da hat er zu mir gesagt, was ich bin, und ich habe gesagt, ich bin ein Lateinschüler. Und meine Mutter sagte: »Er war in der ersten Klasse und darf aufsteigen. Im Lateinischen hat er die Note zwei gekriegt.«

Er hat mich auf den Kopf getätschelt und hat gesagt: »Ein gescheiter Junge; du kannst einmal zu uns kommen und mit meinem Arthur spielen. Er ist so alt wie du.«

Dann hat er meine Mutter gefragt, wie viel sie Geld kriegt im Monat, und sie ist ganz rot geworden und hat gesagt, dass sie hundertzehn Mark kriegt.

Er hat zu seiner Frau hinübergeschaut und hat gesagt: »Emilie, noch nicht fünfunddreißig Taler.«

Und sie hat wieder ihren Zwicker vor die Augen gehalten.

Dann sind sie gegangen, und er hat gesagt, dass man es noch gehört hat: »Ich möchte bloß wissen, von was diese Leute leben.«

Am andern Tag habe ich den Arthur gesehen. Er war aber nicht so groß wie ich und hat lange Haare gehabt bis auf die Schultern und ganz dünne Füße. Das habe ich gesehen, weil er eine Pumphose anhatte. Es war noch ein Mann dabei mit einer Brille auf der Nase. Das war sein Instruktor, und sie sind beim Rafenauer gestanden, wo die Leut Heu gerecht haben.

Der Arthur hat hingedeutet und hat gefragt: »Was tun die da machen?«

Und der Instruktor hat gesagt: »Sie fassen das Heu auf. Wenn es genügend gedörrt ist, werden die Tiere damit gefüttert.«

Der Scheck Lorenz war bei mir, und wir haben uns versteckt, weil wir so gelacht haben.

Beim Essen hat meine Mutter gesagt: »Der Herr ist wieder da gewesen und hat gesagt, du sollst nachmittag seinen Sohn besuchen.«

Ich sagte, dass ich lieber mit dem Lenz zum Fischen gehe, aber Anna hat mich gleich angefahren, dass ich nur mit Bauernlümmeln herumlaufen will, und meine Mutter sagte: »Es ist gut für dich, wenn du mit feinen Leuten zusammen bist. Du kannst Manieren lernen.«

Da habe ich müssen, aber es hat mich nicht gefreut. Ich habe die Hände gewaschen und den schönen Rock angezogen, und dann bin ich hingegangen. Sie waren gerade beim Kaffee, wie ich gekommen bin. Der Herr war da und die Frau und ein Mädchen; das war so alt wie unsere Anna, aber schöner angezogen und viel dicker. Der Instruktor war auch da mit dem Arthur.

»Das ist unser junger Freund«, sagte der Herr. »Arthur, gib ihm die Hand!« Und dann fragte er mich: »Nun, habt ihr heute wieder Knödel gegessen?«

Ich sagte, dass wir keine gegessen haben, und ich habe mich hingesetzt und einen Kaffee gekriegt. Es ist furchtbar fad gewesen. Der Arthur hat nichts geredet und hat mich immer angeschaut, und der Instruktor ist auch ganz still dagesessen.

Da hat ihn der Herr gefragt, ob Arthur sein Pensum schon fertig hat, und er sagte, ja, es ist fertig; es sind noch einige Fehler darin, aber man merkt schon den Fortschritt.

Da sagte der Herr: »Das ist schön, und Sie können heute Nachmittag allein spazieren gehen, weil der junge Lateinschüler mit Arthur spielt.«

Der Instruktor ist aufgestanden, und der Herr hat ihm eine Zigarre gegeben und gesagt, er soll Obacht geben, weil sie so gut ist.

Wie er fort war, hat der Herr gesagt: »Es ist doch ein Glück für diesen jungen Menschen, dass wir ihn mitgenommen haben. Er sieht auf diese Weise sehr viel Schönes.«

Aber das dicke Mädchen sagte: »Ich finde ihn grässlich, er macht Augen auf mich. Ich fürchte, dass er bald dichtet, wie der Letzte.« Der Arthur und ich sind bald aufgestanden, und er hat gesagt, er will mir seine Spielsachen zeigen.

Er hat ein Dampfschiff gehabt. Das wenn man aufgezogen hat, sind die Räder herumgelaufen, und es ist schön geschwommen. Es waren auch viele Bleisoldaten und Matrosen darauf, und Arthur hat gesagt, es ist ein Kriegsschiff und heißt »Preußen«. Aber beim Scheck war kein großes Wasser, dass man sehen kann, wie weit es schwimmt, und ich habe gesagt, wir müssen zum Rafenauer hingehen, da ist ein Weiher, und wir haben viel Spaß dabei.

Es hat ihn gleich gefreut, und ich habe das Dampfschiff getragen.

Sein Papa hat gerufen: »Wo geht ihr denn hin, ihr Jungens?« Da habe ich ihm gesagt, dass wir das Schiff in Rafenauer seinem Weiher schwimmen lassen.

Die Frau sagte: »Du darfst es aber nicht tragen, Arthur. Es ist zu schwer für dich.« Ich sagte, dass ich es trage, und sein Papa hat gelacht und hat gesagt: »Das ist ein starker Bayer; er isst alle Tage Lunge und Knödel. Hahaha!«

Wir sind weiter gegangen hinter dem Scheck, über die große Wiese.

Der Arthur fragte mich: »Gelt, du bist stark?«

Ich sagte, dass ich ihn leicht hinschmeißen kann, wenn er es probieren will.

Aber er traute sich nicht und sagte, er wäre auch gerne so

stark, dass er sich von seiner Schwester nichts mehr gefallen lassen muss.

Ich fragte, ob sie ihn haut.

Er sagte nein, aber sie macht sich so gescheit, und wenn er eine schlechte Note kriegt, redet sie darein, als ob es sie was angeht.

Ich sagte, das weiß ich schon; das tun alle Mädchen, aber man darf sich nichts gefallen lassen. Es ist ganz leicht, dass man es ihnen vertreibt, wenn man ihnen rechte Angst macht.

Er fragte, was man da tut, und ich sagte, man muss ihnen eine Blindschleiche in das Bett legen. Wenn sie darauf liegen, ist es kalt, und sie schreien furchtbar. Dann versprechen sie einem, dass sie nicht mehr so gescheit sein wollen.

Arthur sagte, er traut sich nicht, weil er vielleicht Schläge kriegt. Ich sagte aber, wenn man sich vor den Schlägen fürchten möchte, darf man nie keinen Spaß haben, und da hat er mir versprochen, dass er es tun will.

Ich habe mich furchtbar gefreut, weil mir das dicke Mädchen gar nicht gefallen hat, und ich dachte, sie wird ihre Augen noch viel stärker aufreißen, wenn sie eine Blindschleiche spürt. Er meinte, ob ich auch gewiss eine finde. Ich sagte, dass ich viele kriegen kann, weil ich in der Sägmühle ein Nest weiß.

Und es ist mir eingefallen, ob es nicht vielleicht gut ist, wenn er dem Instruktor auch eine hineinlegt.

Das hat ihm gefallen, und er sagte, er will es gewiss tun, weil sich der Instruktor so fürchtet, dass er vielleicht weggeht.

Er fragte, ob ich keinen Instruktor habe, und ich sagte, dass meine Mutter nicht so viel Geld hat, dass sie einen zahlen kann.

Da hat er gesagt: »Das ist wahr. Sie kosten sehr viel und man hat bloss Verdruss davon. Der letzte, den wir gehabt haben, hat immer Gedichte auf meine Schwester gemacht, und er hat sie unter ihre Kaffeetasse gelegt; da haben wir ihn fortgejagt.«

Ich fragte, warum er Gedichte gemacht hat, und warum er keine hat machen dürfen.

Da sagte er: »Du bist aber dumm. Er war doch verliebt in meine Schwester, und sie hat es gleich gemerkt, weil er sie immer so angeschaut hat. Deswegen haben wir ihn fortjagen müssen.«

Ich dachte, wie dumm es ist, dass sich einer so plagen mag wegen dem dicken Mädchen, und ich möchte sie gewiss nicht anschauen und froh sein, wenn sie nicht dabei ist.

Dann sind wir an den Weiher beim Rafenauer gekommen, und wir haben das Dampfschiff hineingetan. Die Räder sind gut gegangen, und es ist ein Stück weit geschwommen.

Wir sind auch hineingewatet, und der Arthur hat immer geschrien: »Hurra! Gebt's ihnen, Jungens! Klar zum Gefecht! Drauf und dran, Jungens, gebt ihnen noch eine Breitseite! Brav, Kinder!« Er hat furchtbar geschrien, dass er ganz rot geworden ist, und ich habe ihn gefragt, was das ist.

Er sagte, es ist eine Seeschlacht, und er ist ein preußischer Admiral. Sie spielen es immer in Köln; zuerst ist er bloß Kapitän gewesen, aber jetzt ist er Admiral, weil er viele Schlachten gewonnen hat. Dann hat er wieder geschrien: »Beidrehen! Beidrehen! Hart an Backbord halten! Feuer! Sieg! Sieg!«

Ich sagte: »Das gefällt mir gar nicht; es ist eine Dummheit, weil sich nichts rührt. Wenn es eine Schlacht ist, muss es krachen. Wir sollen Pulver hineintun, dann ist es lustig.«

Er sagte, dass er nicht mit Pulver spielen darf, weil es gefährlich ist. Alle Jungen in Köln machen es ohne Pulver.

Ich habe ihn aber ausgelacht, weil er doch kein Admiral ist, wenn er nicht schießt.

Und ich habe gesagt, ich tue es, wenn er sich nicht traut; ich mache den Kapitän, und er muss bloß kommandieren.

Da ist er ganz lustig gewesen und hat gesagt, das möchte er. Ich muss aber streng folgen, weil er mein Vorgesetzter ist, und Feuer geben, wenn er schreit.

Ich habe ein Paket Pulver bei mir gehabt. Das habe ich immer, weil ich so oft Speiteufel mache. Und ein Stück Zündschnur habe ich auch dabeigehabt.

Wir haben das Dampfschiff hergezogen. Es waren Kanonen darauf, aber sie haben kein Loch gehabt. Da habe ich probiert, ob man vielleicht anders schießen kann. Ich meinte, man soll das Verdeck aufheben und darunter das Pulver tun. Dann geht der Rauch bei den Luken heraus, und man glaubt auch, es sind Kanonen darin.

Das habe ich getan. Ich habe aber das ganze Paket Pulver hineingeschüttet, damit es stärker raucht. Dann habe ich das Verdeck wieder darauf getan und die Zündschnur durch ein Loch gesteckt.

Arthur fragte, ob es recht knallen wird, und ich sagte, ich glaube schon, dass es einen guten Schuss tut. Da ist er geschwind hinter einen Baum und hat gesagt, jetzt geht die Schlacht an.

Und er hat wieder geschrien: »Hurra! Gebt's ihnen, tapferer Kapitän!«

Ich habe das Dampfschiff aufgedreht und gehalten, bis die Zündschnur gebrannt hat.

Dann habe ich ihm einen Stoß gegeben, und die Räder sind gegangen, und die Zündschnur hat geraucht.

Es war lustig, und der Arthur hat sich auch furchtbar gefreut und hinter dem Baum immer kommandiert.

Er fragte, warum es nicht knallt. Ich sagte, es knallt schon, wenn die Zündschnur einmal bis zum Pulver hinbrennt.

Da hat er seinen Kopf vorgestreckt und hat geschrien: »Gebt Feuer auf dem Achterdeck!«

Auf einmal hat es einen furchtbaren Krach getan und hat gezischt, und ein dicker Rauch ist auf dem Wasser gewesen. Ich habe gemeint, es ist etwas bei mir vorbeigeflogen, aber Arthur hat schon grässlich geheult, und er hat seinen Kopf gehalten. Es war aber nicht arg. Er hat bloß ein bisschen geblutet an der Stirne, weil ihn etwas getroffen hat. Ich glaube, es war ein Bleisoldat.

Ich habe ihn abgewischt, und er hat gefragt, wo sein Dampfschiff ist. Es war aber nichts mehr da; bloß der vordere Teil war noch da und ist auf dem Wasser geschwommen. Das andere ist alles in die Luft geflogen.

Er hat geweint, weil er geglaubt hat, dass sein Vater schimpft, wenn kein Schiff nicht mehr da ist. Aber ich habe gesagt, wir sagen, dass die Räder so gelaufen sind, und es ist fortgeschwommen, oder er sagt gar nichts und geht erst heim, wenn es dunkel ist. Dann weiß es niemand, und wenn ihn wer fragt, wo das Schiff ist, sagt er, es ist droben, aber er mag nicht damit spielen. Und wenn eine Woche vorbei ist, sagte er, es ist auf einmal nicht mehr da. Vielleicht ist es gestohlen worden.

Der Arthur sagte, er will es so machen und warten, bis es dunkel wird.

Wie wir das geredet haben, da hat es hinter uns Spektakel gemacht.

Ich habe geschwind umgeschaut, und da habe ich auf einmal gesehen, wie der Rafenauer hergelaufen ist. Er hat geschrien: »Hab ich enk, ihr Saububen, ihr miserabligen!«

Ich bin gleich davon, bis ich zum Heustadel gekommen bin. Da habe ich mich geschwind versteckt und hingeschaut. Der Arthur ist stehen geblieben, und der Rafenauer hat ihm die Ohrfeigen gegeben. Er ist furchtbar grob.

Und er hat immer geschrien: »De Saububen zünden noch mein Haus o. Und meine Äpfel stehlen s' und meine Zwetschgen stehlen s', und mei Haus sprengen s' in d' Luft!« Er hat ihm jedes Mal eine Watschen gegeben, dass es geknallt hat.

Ich habe schon gewusst, dass er einen Zorn auf uns hat, weil ich und der Lenz ihm so oft seine Äpfel stehlen, und er kann uns nicht erwischen.

Aber den Arthur hat er jetzt erwischt, und er hat alle Prügel gekriegt.

Wie der Rafenauer fertig war, ist er fortgegangen. Aber dann ist er stehen geblieben und hat gesagt: »Du Herrgottsakerament!«, und ist wieder umgekehrt und hat ihm nochmal eine hineingehauen.

Der Arthur hat furchtbar geweint und hat immer geschrien: »Ich sage es meinem Papa!« Es wäre gescheiter gewesen, wenn er fortgelaufen wäre; der Rafenauer kann nicht nachkommen, weil er so schnauft. Man muss immer um die Bäume herumlaufen, dann bleibt er gleich stehen und sagt: »Ich erwisch enk schon noch einmal.«

Ich und der Lenz wissen es; aber der Arthur hat es nicht gewusst.

Er hat mich gedauert, weil er so geweint hat, und wie der Rafenauer fort war, bin ich hingelaufen und habe gesagt, er soll sich nichts daraus machen. Aber er hat nicht aufgehört und hat immer geschrien: »Du bist schuld; ich sage es meinem Papa.«

Da habe ich mich aber geärgert, und ich habe gesagt, dass ich nichts dafür kann, wenn er so dumm ist.

Da hat er gesagt, ich habe das Schiff kaputt gemacht, und ich habe so geknallt, dass der Bauer gekommen ist und er Schläge gekriegt hat.

Und er ist schnell fortgelaufen und hat geweint, dass man es weit gehört hat. Ich möchte mich schämen, wenn ich so heulen könnte wie ein Mädchen. Und er hat gesagt, er ist ein Admiral.

Ich dachte, es ist gut, wenn ich nicht gleich heimgehe, sondern ein bisschen warte.

Wie es dunkel war, bin ich heimgegangen, und ich bin beim Scheck ganz still vorbei, dass mich niemand gemerkt hat.

Der Herr war im Gartenhaus, und die Frau und das dicke Mädchen. Der Scheck war auch dabei. Ich habe hineingeschaut, weil ein Licht gebrannt hat. Ich glaube, sie haben von mir geredet. Der Herr hat immer den Kopf geschüttelt und hat gesagt: »Wer hätte es gedacht! Ein solcher Lausejunge!« Und das dicke Mädchen hat gesagt: »Er will, dass mir Arthur Schlangen ins Bett legt. Hat man so was gehört?«

Ich bin nicht mehr eingeladen worden, aber wenn mich der Herr sieht, hebt er immer seinen Stock auf und ruft: »Wenn ich dich mal erwische!« Ich bin aber nicht so dumm wie sein Arthur, dass ich stehen bleibe.

Besserung

Wie ich in die Ostervakanz gefahren bin, hat die Tante Fanny gesagt: »Vielleicht kommen wir zum Besuch zu deiner Mutter. Sie hat uns so dringend eingeladen, dass wir sie nicht beleidigen dürfen.«

Und Onkel Pepi sagte, er weiß es nicht, ob es geht, weil er so viel Arbeit hat, aber er sieht es ein, dass er den Besuch nicht mehr hinausschieben darf. Ich fragte ihn, ob er nicht lieber im Sommer kommen will, jetzt ist es noch so kalt, und man weiß nicht, ob es nicht auf einmal schneit. Aber die Tante sagte: »Nein, deine Mutter muss böse werden, wir haben es schon so oft versprochen.« Ich weiß aber schon, warum sie kommen wollen; weil wir auf Ostern das Geräucherte haben und Eier und Kaffeekuchen, und Onkel Pepi isst so furchtbar viel. Daheim darf er nicht so, weil Tante Fanny gleich sagt, ob er nicht an sein Kind denkt. Sie haben mich an den Postomnibus begleitet, und Onkel Pepi hat freundlich getan und hat gesagt, es ist auch gut für mich, wenn er kommt, dass er den Aufruhr beschwichtigen kann über mein Zeugnis.

Es ist wahr, dass es furchtbar schlecht gewesen ist, aber ich finde schon etwas zum Ausreden. Dazu brauche ich ihn nicht.

Ich habe mich geärgert, dass sie mich begleitet haben, weil ich mir Zigarren kaufen wollte für die Heimreise, und jetzt konnte ich nicht. Der Fritz war aber im Omnibus und hat zu mir gesagt, dass er genug hat, und wenn es nicht reicht, können wir im Bahnhof in Mühldorf noch Zigarren kaufen.

Im Omnibus haben wir nicht rauchen dürfen, weil der

Oberamtsrichter Zirngiebel mit seinem Heinrich darin war, und wir haben gewusst, dass er ein Freund vom Rektor ist und ihm alles verschuftet.

Der Heinrich hat ihm gleich gesagt, wer wir sind. Er hat es ihm ins Ohr gewispert, und ich habe gehört, wie er bei meinem Namen gesagt hat: »Er ist der Letzte in unserer Klasse und hat in der Religion auch einen Vierer.«

Da hat mich der Oberamtsrichter angeschaut, als wenn ich aus einer Menagerie bin, und auf einmal hat er zu mir und zum Fritz gesagt:

»Nun, ihr Jungens, gebt mir einmal eure Zeugnisse, dass ich sie mit dem Heinrich dem seinigen vergleichen kann.«

Ich sagte, dass ich es im Koffer habe, und er liegt auf dem Dache vom Omnibus. Da hat er gelacht und hat gesagt, er kennt das schon. Ein gutes Zeugnis hat man immer in der Tasche. Alle Leute im Omnibus haben gelacht, und ich und der Fritz haben uns furchtbar geärgert, bis wir in Mühldorf ausgestiegen sind.

Der Fritz sagte, es reut ihn, dass er nicht gesagt hat, bloß die Handwerksburschen müssen dem Gendarm ihr Zeugnis hergeben. Aber es war schon zu spät. Wir haben im Bahnhof Bier getrunken, da sind wir wieder lustig geworden und sind in die Eisenbahn eingestiegen.

Wir haben vom Kondukteur ein Rauchcoupé verlangt und sind in eines gekommen, wo schon Leute darin waren. Ein dicker Mann ist am Fenster gesessen, und an seiner Uhrkette war ein großes, silbernes Pferd.

Wenn er gehustet hat, ist das Pferd auf seinem Bauch getanzt und hat gescheppert. Auf der anderen Bank ist ein kleiner Mann gesessen mit einer Brille, und er hat immer zu dem Dicken gesagt, Herr Landrat, und der Dicke hat zu ihm gesagt, Herr Lehrer. Wir haben es aber auch so gemerkt, dass er ein Lehrer ist, weil er seine Haare nicht geschnitten gehabt hat.

Wie der Zug gegangen ist, hat der Fritz eine Zigarre angezündet und den Rauch auf die Decke geblasen, und ich habe es auch so gemacht.

Eine Frau ist neben mir gewesen, die ist weggerückt und hat mich angeschaut, und in der anderen Abteilung sind die Leute aufgestanden und haben herübergeschaut. Wir haben uns furchtbar gefreut, dass sie alle so erstaunt sind, und der Fritz hat recht laut gesagt, er muss von dieser Zigarre fünf Kisten bestellen, weil sie so gut ist.

Da sagte der dicke Mann: »Bravo, so wachst die Jugend her«, und der Lehrer sagte, es sei kein Wunder, was man lesen muss, wenn man die verrohte Jugend sieht.

Wir haben getan, als wenn es uns nichts angeht, und die Frau ist immer weitergerückt, weil ich so viel ausgespuckt habe. Der Lehrer hat so giftig geschaut, dass wir uns haben ärgern müssen, und der Fritz sagte, ob ich weiß, woher es kommt, dass die Schüler in der ersten Lateinklasse so schlechte Fortschritte machen, und er glaubt, dass die Volksschulen immer schlechter werden. Da hat der Lehrer furchtbar gehustet, und der Dicke hat gesagt, ob es heute kein Mittel nicht mehr gibt für freche Lausbuben.

Der Lehrer sagte, man darf es nicht mehr anwenden wegen der falschen Humanität, und weil man gestraft wird, wenn man einen bloß ein bisschen auf den Kopf haut.

Alle Leute im Wagen haben gebrummt: »Das ist wahr«, und die Frau neben mir hat gesagt, dass die Eltern dankbar sein müssen, wenn man solchen Burschen ihr Sitzleder verhaut. Und da haben wieder alle gebrummt, und ein großer Mann in der anderen Abteilung ist aufgestanden und hat mit einem tiefen Bass gesagt: »Leider, leider gibt es keine vernünftigen Öltern nicht mehr.«

Der Fritz hat sich gar nichts daraus gemacht und hat mich mit dem Fuß gestoßen, dass ich auch lustig sein soll. Er hat einen blauen Zwicker aus der Tasche genommen und hat ihn aufgesetzt und hat alle Leute angeschaut und hat den Rauch durch die Nase gehen lassen.

Bei der nächsten Station haben wir uns Bier gekauft und wir haben es schnell ausgetrunken. Dann haben wir die Gläser zum Fenster hinausgeschmissen, ob wir vielleicht einen Bahnwärter treffen.

Da schrie der große Mann: »Diese Burschen muss man züchtigen«, und der Lehrer schrie: »Ruhe, sonst bekommt ihr ein paar Ohrfeigen!« Der Fritz sagte: »Sie können's schon probieren, wenn Sie eine Schneid haben.« Da hat sich der Lehrer nicht getraut, und er hat gesagt: »Man darf keinen mehr auf den Kopf hauen, sonst wird man selbst gestraft.« Und der große Mann sagte: »Lassen Sie es gehen, ich werde diese Burschen schon kriegen.«

Er hat das Fenster aufgemacht und hat gebrüllt: »Konduktör, Konduktör!«

Der Zug hat gerade gehalten, und der Kondukteur ist gelaufen, als wenn es brennt. Er fragte, was es gibt, und der große Mann sagte: »Die Burschen haben Biergläser zum Fenster hinausgeworfen. Sie müssen arretiert werden.«

Aber der Kondukteur war zornig, weil er gemeint hat, es ist ein Unglück geschehen, und es war gar nichts.

Er sagte zu dem Mann: »Deswegen brauchen Sie doch keinen solchen Spektakel nicht zu machen.« Und zu uns hat er gesagt: »Sie dürfen es nicht tun, meine Herren.« Das hat mich gefreut, und ich sagte: »Entschuldigen Sie, Herr Oberkondukteur, wir haben nicht gewusst, wo wir die Gläser hinstellen müssen, aber wir schmeißen jetzt kein Glas nicht mehr hinaus.« Der Fritz fragte ihn, ob er keine Zigarre nicht will, aber er sagte, nein, weil er keine so starken nicht raucht.

Dann ist er wieder gegangen, und der große Mann hat sich hingesetzt und hat gesagt, er glaubt, der Kondukteur ist ein Preuße. Alle Leute haben wieder gebrummt, und der Lehrer sagte immer: »Herr Landrat, ich muss mich furchtbar zurückhalten, aber man darf keinen mehr auf den Kopf hauen.«

Wir sind weitergefahren, und bei der nächsten Station haben wir uns wieder ein Bier gekauft. Wie ich es ausgetrunken habe, ist mir ganz schwindlig geworden, und es hat sich alles zu drehen angefangen. Ich habe den Kopf zum Fenster hinausgehalten, ob es mir nicht besser wird. Aber es ist mir nicht besser geworden, und ich habe mich stark zusammengenommen, weil ich glaubte, die Leute meinen sonst, ich kann das Rauchen nicht vertragen.

Es hat nichts mehr geholfen, und da habe ich geschwind meinen Hut genommen.

Die Frau ist aufgesprungen und hat geschrien, und alle Leute sind aufgestanden, und der Lehrer sagte: »Da haben wir es.« Und der große Mann sagte in der anderen Abteilung: »Das sind die Burschen, aus denen man die Anarchisten macht.«

Ich dachte, wenn ich wieder gesund werde, will ich nie mehr Zigarren rauchen und immer folgen und meiner lieben Mutter keinen Verdruss nicht mehr machen. Ich dachte, wie viel schöner möchte es sein, wenn es mir jetzt nicht schlecht wäre, und ich hätte ein gutes Zeugnis in der Tasche, als dass ich jetzt den Hut in der Hand habe, wo ich mich hineingebrochen habe.

Fritz sagte, er glaubt, dass es mir von einer Wurst schlecht geworden ist.

Er wollte mir helfen, dass die Leute glauben, ich bin ein Gewohnheitsraucher.

Aber es war mir nicht recht, dass er gelogen hat.

Ich war auf einmal ein braver Sohn und hatte einen Abscheu gegen die Lüge.

Ich versprach dem lieben Gott, dass ich keine Sünde nicht mehr tun wollte, wenn er mich wieder gesund werden lässt. Die Frau neben mir hat nicht gewusst, dass ich mich bessern will, und sie hat immer geschrien, wie lange sie den Gestank noch aushalten muss.

Da hat der Fritz den Hut aus meiner Hand genommen und hat ihn zum Fenster hinausgehalten und hat ihn ausgeleert. Es ist aber viel auf das Trittbrett gefallen, dass es geplatscht hat, und wie der Zug in der Station gehalten hat, ist der Expeditor hergelaufen und hat geschrien: »Wer ist die Sau gewesen? Herrgottsakrament, Kondukteur, was ist das für ein Saustall?«

Alle Leute sind an die Fenster gestürzt und haben hinausgeschaut, wo das schmutzige Trittbrett gewesen ist. Und der Kondukteur ist gekommen und hat es angeschaut und hat gebrüllt: »Wer war die Sau?«

Der große Herr sagte zu ihm: »Es ist der nämliche, der mit den Bierflaschen schmeißt, und Sie haben es ihm erlaubt.«

»Was ist das mit den Bierflaschen?«, fragte der Expeditor.

»Sie sind ein gemeiner Mensch«, sagte der Kondukteur,

»wenn Sie sagen, dass ich es erlaubt habe, dass er mit die Bierflaschen schmeißt.«

»Was bin ich?«, fragte der große Herr.

»Sie sind ein gemeiner Lügner«, sagte der Kondukteur, »ich habe es nicht erlaubt.«

»Tun Sie nicht so schimpfen«, sagte der Expeditor, »wir müssen es mit Ruhe abmachen.«

Alle Leute im Wagen haben durcheinandergeschrien, dass wir solche Lausbuben sind, und dass man uns arretieren muss. Am lautesten hat der Lehrer gebrüllt, und er hat immer gesagt, er ist selbst ein Schulmann. Ich habe nichts sagen können, weil mir so schlecht war, aber der Fritz hat für mich geredet, und er hat den Expeditor gefragt, ob man arretiert werden muss, wenn man auf einem Bahnhof eine giftige Wurst kriegt. Zuletzt hat der Expeditor gesagt, dass ich nicht arretiert werde, aber dass das Trittbrett gereinigt wird, und ich muss es bezahlen. Es kostet eine Mark. Dann ist der Zug wieder gefahren, und ich habe immer den Kopf zum Fenster hinausgehalten, dass es mir besser wird.

In Endorf ist der Fritz ausgestiegen, und dann ist meine Station gekommen.

Meine Mutter und Ännchen waren auf dem Bahnhof und haben mich erwartet.

Es ist mir noch immer ein bisschen schlecht gewesen und ich habe so Kopfweh gehabt.

Da war ich froh, dass es schon Nacht war, weil man nicht gesehen hat, wie ich blass bin. Meine Mutter hat mir einen Kuss gegeben und hat gleich gefragt: »Nach was riechst du, Ludwig?« Und Ännchen fragte: »Wo hast du deinen Hut, Ludwig?« Da habe ich gedacht, wie traurig sie sein möchten, wenn ich ihnen die Wahrheit sage, und ich habe gesagt, dass ich in Mühldorf eine giftige Wurst gegessen habe, und dass ich froh bin, wenn ich einen Kamillentee kriege.

Wir sind heimgegangen, und die Lampe hat im Wohnzimmer gebrannt, und der Tisch war aufgedeckt.

Unsere alte Köchin Theres ist hergelaufen, und wie sie mich gesehen hat, da hat sie gerufen: »Jesus Maria, wie schaut unser Bub aus? Das kommt davon, weil Sie ihn so viel studieren lassen, Frau Oberförster.«

Meine Mutter sagte, dass ich etwas Unrechtes gegessen habe, und sie soll mir schnell einen Tee machen. Da ist die Theres geschwind in die Küche, und ich habe mich auf das Kanapee gesetzt.

Unser Bürschel ist immer an mich hinaufgesprungen und hat mich abschlecken gewollt. Und alle haben sich gefreut, dass ich da bin. Es ist mir ganz weich geworden, und wie mich meine liebe Mutter gefragt hat, ob ich brav gewesen bin, habe ich gesagt, ja, aber ich will noch viel braver werden.

Ich sagte, wie ich die giftige Wurst drunten hatte, ist mir eingefallen, dass ich vielleicht sterben muss, und dass die Leute meinen, es ist nicht schade darum. Da habe ich mir vorgenommen, dass ich jetzt anders werde und alles tue, was meiner Mutter Freude macht, und viel lerne und nie keine Strafe mehr heimbringe, dass sie alle auf mich stolz sind.

Ännchen schaute mich an und sagte: »Du hast gewiss ein furchtbar schlechtes Zeugnis heimgebracht, Ludwig?«

Aber meine Mutter hat es ihr verboten, dass sie mich ausspottet, und sie sagte: »Du sollst nicht so reden, Ännchen, wenn er doch krank war und sich vorgenommen hat, ein neues Leben zu beginnen. Er wird es schon halten und mir viele Freude machen.« Da habe ich weinen müssen, und die alte Theres hat es auch gehört, dass ich vor meinem Tod solche Vorsätze genommen habe. Sie hat furchtbar laut geweint, und hat geschrien: »Es kommt von dem vielen Studieren, und sie machen unsern Buben noch kaputt.« Meine Mutter hat sie getröstet, weil sie gar nicht mehr aufgehört hat.

Da bin ich ins Bett gegangen, und es war so schön, wie ich darin gelegen bin. Meine Mutter hat noch bei der Türe hereingeleuchtet und hat gesagt: »Erhole dich recht gut, Kind.« Ich bin noch lange aufgewesen und habe gedacht, wie ich jetzt brav sein werde.

Tante Frieda

Neue Lausbubengeschichten

Tante Frieda

Meine Mutter sagte: »Ach Gott ja, übermorgen kommt die Schwägerin.«

Und da machte sie einen großen Seufzer, als wenn der Bindinger da wäre und von meinem Talent redet.

Und Ännchen hat ihre Kaffeetasse weggeschoben und hat gesagt, es schmeckt ihr nicht mehr, und wir werden schon sehen, dass die Tante den Amtsrichter beleidigt und dass alles schlecht geht. »Warum hast du sie eingeladen?«, sagte sie.

»Ich habe sie doch gar nicht eingeladen«, sagte meine Mutter, »sie kommt doch immer ganz von selber.«

»Man muss sie hinausschmeißen«, sagte ich.

»Du sollst nicht so unanständig reden«, sagte meine Mutter, »du musst denken, dass sie die Schwester von deinem verstorbenen Papa ist. Und überhaupt bist du zu jung.«

»Aber wenn ihr sie doch gar nicht mögt«, habe ich gesagt, »und wenn sie den Amtsrichter beleidigt, dass er Ännchen nicht heiratet, und sie freut sich schon so darauf. Vielleicht sagt sie ihm, dass er schielt.«

Da hat Ännchen mich angeschrien: »Er schielt doch gar nicht, du frecher Lausbub, und jetzt spricht er, dass ich heiraten will, und die Leute reden es herum. Nein, nein, ich halte es nicht mehr aus, ich gehe in die Welt und nehme eine Stellung.«

Da ist meine Mutter ganz unglücklich geworden und hat gerufen: »Aber Kindchen, du darfst nicht weinen. Es wird alles recht werden, und, in Gottes Namen, der Besuch von der Tante wird auch vorüber gehen.«

Das ist am Montag gewesen, und am Mittwoch ist sie gekommen. Wir sind alle drei auf die Bahn gegangen, und meine Mutter hat immer gesagt: »Ännchen, mache ein freundliches Gesicht! Sonst haben wir schon heute Verdruss.«

Da hat der Zug gepfiffen, und sie ist herausgestiegen und hat geschrien: »Ach Gott! ach Gott! Da seid ihr ja alle! Oh, wie ich mich freue! Helft mir nur, dass ich mein Gepäck herauskriege!«

Sie hat in den Wagen hineingerufen, die Schachtel gehört ihr, und der Koffer unter dem Sitz gehört ihr, und die Tasche oben gehört auch ihr und hinten der Käfig mit dem Papagei. Ein Mann hat ihr alles herausgetan, und sie hat es mir gegeben, aber ich habe gesagt, der Koffer ist zu schwer, ich kann ihn nicht tragen. »Ännchen hilft dir schon«, hat sie gesagt, »ihr seid jung und stark. Aber mein Lorchen trage ich selber.« Dann ist sie zu meiner Mutter hingegangen und hat sie geküsst und hat gerufen: »Ich bin froh, dass ich dich gesund sehe, ich habe oft so Angst wegen deinem Herzleiden, aber gib acht, dass du nicht an den Käfig kommst, mein Lorchen kann das Schütteln nicht vertragen.«

Meine Mutter hat den großen Koffer angesehen und hat gemeint, es ist vielleicht besser, wenn ihn der Stationsdiener trägt, aber die Tante hat gesagt: »Nein, ich gebe es nicht zu, dass du Auslagen hast; die Kinder werden schon fertig damit.«

Ännchen hat es probiert. Es ist nicht gegangen, weil er zu schwer war. Da ist der Alois gelaufen gekommen, das ist der Stationsdiener, und er hat den Koffer genommen.

Die Tante hat wieder zu meiner Mutter gesagt, es ist ihr nicht recht, dass wir Auslagen haben, und sie hat nicht gedacht, dass Ännchen so schwächlich ist. Aber es fällt ihr ein, dass sie schon als Kind zart war. Vielleicht hat sie etwas geerbt von dem Herzleiden von meiner Mutter.

»Ich bin aber, Gott sei Dank, gesund«, hat meine Mutter gesagt, »und der Arzt findet nichts mehr.«

»Ja, die Ärzte!«, hat die Tante gerufen. »Bei meinem armen Josef haben sie auch nichts gefunden, bis er tot war, und oft wollen sie es einem nicht sagen.«

Dann sind wir heimgegangen.

Unterwegs hat Ännchen zu mir gewispert: »Du wirst sehen, Ludwig, sie bleibt die ganze Vakanz.«

»Das glaube ich nicht«, habe ich gesagt. »Wenn sie bleiben möchte, finde ich schon etwas, dass sie geht.«

Da hat Ännchen heimlich gelacht, und sonst ist sie doch immer unglücklich, wenn etwas von mir herauskommt. Aber diesmal hat sie gelacht und hat gefragt: »Was willst du denn machen?«

Ich habe gesagt: »Das weiß ich nicht. Vielleicht mache ich einen Speiteufel in dem Papagei seinem Käfig, oder ich rupfe ihn, dass er nackt wird, oder ich tue sonst was. Man kann es nicht vorher sagen, was man tut, weil man erst studieren muss, was sie am meisten ärgert.«

Ännchen hat gewispert: »Wenn du etwas findest, dass sie geht, schenke ich dir zwei Mark.«

»Das ist recht«, habe ich gesagt. »Aber du musst mir zuerst eine Mark geben, weil ich vielleicht Auslagen haben muss.« Sie hat mir auch eine Mark versprochen, und dann sind wir heimgekommen.

Wir haben an der Tür warten müssen, weil meine Mutter nicht so schnell gehen kann und mit der Tante zurückgeblieben ist.

Im Hausgang hat die Tante gesagt: »In Gottes Namen, da

bin ich also wieder. Nein, wie es hübsch ist bei dir! Du hast ja einen Kokosläufer da!«

Meine Mutter hat gesagt, dass der Gang im Winter so kalt ist, und dass sie den Läufer wegen ihrer Gesundheit angeschafft hat.

»Der Meter kostet gewiss vier Mark«, hat die Tante gesagt. »Man kriegt schon um eine Mark fünfzig recht schöne Läufer.«

Sie ist in ihr Zimmer gegangen, und ich habe ihre Sachen hineingetragen. Sie hat den Käfig auf den Tisch gestellt und hat zu dem Papagei gesagt: »So, Lorchen, da sind wir jetzt, und es wird uns schon gefallen.« Und dann hat sie ihren Mund an das Gitter gesteckt und hat ihn gelockt: »Su su! Wo ist das schöne Lorchen?« Und der Papagei hat den Kopf auf die Seite getan und ist auf der Stange zu ihr hingerutscht und hat seinen Schnabel in ihren Mund gesteckt.

Ich hätte es nicht tun mögen, wenn sie mir einen Sack voll Äpfel oder eine Torte geschenkt hätte.

Aber die Papageien sind alle ekelhaft. Ich dachte, ob er auch so herrutscht, wenn ich ihm ein paar Federn ausreiße, und ich dachte, wie er aussieht, wenn eine Stranitze voll Pulver bei ihm losgeht.

Vielleicht hat die Tante gemerkt, was ich denke, denn sie hat sich umgedreht und hat gesagt: »Dass du mir artig gegen Lorchen bist, du Lausbub!«

Da habe ich gesagt: »Ja, liebe Tante.« Und ich habe mich auch hingestellt und habe gerufen: »Lorchen! Wo bist du?«

Aber der Papagei ist gleich weg und hat sich in die Ecke gesetzt und hat einen Fuß aufgehoben. Und er hat die Augen aufgerissen, als wenn er schon weiß, dass ich ihm bald Pulver gebe.

Ich bin hinaus, und die Tante ist gleich zu meiner Mutter in das Wohnzimmer gegangen.

Da ist mir eingefallen, dass ich noch etwas tun muss, und ich bin ganz schnell in das Zimmer von der Tante und habe aus dem Krug den ganzen Mund voll Wasser genommen. Dann bin ich zum Käfig, und der Papagei ist wieder weggerutscht, und ich habe einen spanischen Nebel auf ihn gespritzt, dass er den Kopf hineingesteckt hat und mit den Flügeln geschlagen hat.

Dann bin ich geschwind in das Wohnzimmer. Meine Mutter hat der Tante etwas zu essen gegeben, und sie haben miteinander geredet, wie es ihnen geht.

Die Tante hat gesagt, sie muss sehr sparsam sein, weil sie so wenig Pension hat und kein Geld nicht. Sie möchte jetzt sehr froh sein, wenn sie von früher ein bisschen Vermögen hätte, aber ihr Josef hat nichts gespart von dem Gehalt, weil es wenig war und weil er geraucht hat und in der Woche zweimal ins Wirtshaus gegangen ist. Und von daheim hat sie auch nichts bekommen, weil ihre Brüder studiert haben und so viel gebraucht haben.

Da hat meine Mutter gesagt, dass mein Vater als Student gar nicht viel gebraucht hat.

»Woher weißt du das?«, hat die Tante gefragt. »Er hat es mir oft erzählt«, hat meine Mutter gesagt. »Er hat Stunden gegeben auf dem Schimnasium, und wie er auf der Forstschule war, hat er auch einem jungen Baron Stunde gegeben.«

»Das hat er bloß so gesagt«, hat die Tante geantwortet und hat ein großes Stück von der Wurst in den Mund gesteckt.

Meine Mutter ist ganz rot geworden, und sie hat ihre

Haube auf den Haaren fester gesteckt und hat gesagt: »Nein, Frieda, er hat in seinem ganzen Leben nie keine Unwahrheit geredet.«

Die Tante ist zuerst still gewesen, weil sie die Wurst kauen musste, und sie hat sich die Nase gerieben. Und dann hat sie wieder geredet. »Wenn er Stunden gegeben hat, dann möchte ich bloß wissen, wo er das viele Geld hingetan hat. Ich weiß es doch besser, und wir drei Schwestern haben es büßen müssen, weil kein Vermögen nicht da war und keine was mitkriegte.«

»Warum redest du immer solche Sachen?«, hat meine Mutter gefragt.

»Ich meine ja bloß«, hat sie gesagt, »und weil es wahr ist. Zum Beispiel hat mich der Assessor Römer gern gesehen, und er ist jetzt Regierungsrat in Ansbach, und er hätte mich geheiratet, wenn etwas dagewesen wäre, aber so natürlich hab ich bloß einen Postexpeditor gekriegt.«

»Du bist doch glücklich gewesen mit deinem Josef!«, hat meine Mutter gesagt.

»Gott hab ihn selig!«, hat die Tante gerufen. »Wir sind recht glücklich gewesen, aber ich wäre jetzt Regierungsrätin in Ansbach, wenn unsere Brüder nicht das ganze Geld gebraucht hätten.«

Ich habe mich furchtbar geärgert, dass sie über unseren Vater so redet, und ich habe gedacht, ob ich nicht vielleicht schon heute das Feuerwerk mit dem Papagei mache. Oder ob ich nicht geschwind noch einen spanischen Nebel spritze.

Aber die Tante ist aufgestanden, weil meine Mutter hinausgegangen ist, und da habe ich gemerkt, dass es jetzt nicht geht.

Die Tante ist im Zimmer herumgegangen und hat alles angeschaut.

Unter dem Hirschgeweih ist das Bild von meinem Vater gehängt, wie er Student gewesen ist. Er hat eine Mütze gehabt und einen Säbel und große Stiefel. Meine Mutter sagte immer, er hat so ausgeschaut, wie sie ihn zuerst gesehen hat. Da haben sie einen Fackelzug gemacht, und mein Vater ist vorausgegangen. Die Tante hat das Bild angeschaut und hat wieder gesagt: »Da sieht man es doch ganz deutlich, wo er das viele Geld gebraucht hat!«

Dann ist sie bei der Kommode gestanden. Da hat Ännchen die Photographie von dem Herrn Amtsrichter hingestellt, und die Tante hat es gleich gesehen und hat mich gefragt: »Wer ist denn das?« Ich habe gesagt, das ist unser Amtsrichter. Da hat sie gefragt: »Wer ist unser Amtsrichter?«

Ich habe gesagt, der, wo immer zum Kaffee kommt, und er heißt Doktor Steinberger.

Da hat sie das Bild genommen und gesagt, so, so, aber er gefällt ihr gar nicht, er hat schon so wenig Haare und er schielt ziemlich stark und das Gesicht ist so dick, als wenn er gerne trinkt. Ich mag den Steinberger auch nicht besonders, weil er zu mir gesagt hat, ich soll gegen meine Schwester anständig sein, oder er nimmt mich einmal bei den Ohren.

Und ich mache Ännchen oft vor, wie er schielt, und dann heult sie. Aber es hat mich geärgert, dass die Tante etwas gegen ihn weiß, weil sie auch etwas gegen unsern Vater gewusst hat.

Ich habe gedacht, ob ich vielleicht in die Küche gehe und es ihnen sage, aber dann gibt es nichts Gescheites zum Essen, wenn sie immer hinauslaufen und heulen und sich die Augen waschen müssen. Ich habe gedacht, ich sage es, wenn das Essen vorbei ist.

Dann ist meine Mutter in das Zimmer gekommen und hat der Tante die Hand gegeben und hat gesagt, sie hat sich vorher ein bisschen geärgert, aber sie weiß, dass es vielleicht nicht recht war, und es ist vorbei.

Die Tante hat ihre Nase gerieben und hat gesagt, dass man sich natürlich nicht ärgern darf, wenn man die Wahrheit hört. Sie ist furchtbar gemein.

Ich bin hinausgegangen, und meine Mutter hat gerufen: »Wo gehst du denn hin, Ludwig? Wir essen gleich.« Ich habe gesagt, ich muss geschwind ein unregelmäßiges Verbum anschauen, weil ich vergessen habe, wie es geht.

Da hat meine Mutter freundlich gelacht und hat gesagt, das ist recht, wenn ich das unregelmäßige Verbum studiere, und man muss immer gleich tun, was man sich vornimmt.

Und zur Tante hat sie gesagt: »Weißt du, Frieda, ich glaube, unser Ludwig hat jetzt den besten Willen, dass er auf dem Schimnasium vorwärtskommt.« Ich bin recht laut gegangen bis zu meinem Zimmer und habe die Tür aufgemacht, dann bin ich aber ganz still in der Tante ihr Zimmer gegangen. Der Papagei hat mich gleich gesehen und ist von der Stange gehupft und in das Eck gekrochen. Ich habe schnell das Glas mit Wasser vollgemacht und bin zu ihm hin und habe ihn zweimal angespritzt, dass es von seinen Flügeln getropft hat.

Da hat er die Augen zugemacht, und er hat furchtbar gepfiffen, als wenn ich durch die Finger pfeife, und er hat geschrien: »Lora!«

Da bin ich geschwind hinaus und in mein Zimmer und habe ein Buch genommen. Der Papagei hat noch einmal gepfiffen, und ich habe gleich gehört, wie die Tür vom Wohnzimmer aufgegangen ist, und die Tante ist schnell gegangen und hat gesagt: »Ich weiß nicht, warum Lorchen ruft.«

Und dann ist es ein bisschen still gewesen, und dann hat sie in ihrem Zimmer geschrien: »Das ist ja eine Gemeinheit! Das arme Tierchen!«

Und sie hat meine Mutter gerufen, sie soll hergehen und soll es anschauen, wie das Lorchen patschnass ist, und das kann niemand gewesen sein wie der nichtsnutzige Lausbub.

Das bin ich.

Meine Mutter hat in mein Zimmer hereingeschaut, und ich habe vor mich hingemurmelt, als wenn ich das unregelmäßige Verbum lerne.

Da hat sie gesagt: »Ludwig, hast du den Papagei nass gemacht?«

Ich habe ganz zerstreut aus meinem Buch gesehen.

»Was für ein Papagei?«, habe ich gefragt.

»Der Tante ihren Papagei«, hat sie gesagt. Da bin ich ganz beleidigt gewesen. Und ich habe gesagt, warum ich immer alles bin, und ich habe doch mein unregelmäßiges Verbum studiert, und ich kann es jetzt, und auf einmal soll ich einen Papagei nass gemacht haben.

Die Tante ist auch an die Tür gekommen und hat gerufen:

»Wer ist es denn sonst?« Ich habe gesagt, das weiß ich nicht, vielleicht ist es der Schreiner Michel gewesen, der hat eine Holzspritze und kann furchtbar weit spritzen damit.

Die Tante hat gesagt, ich soll mitgehen, sie muss es untersuchen, und meine Mutter ist auch mitgegangen.

Wie wir in das Zimmer hinein sind, hat der Papagei gleich den Kopf unter die Flügel versteckt und hat furchtbar gepfiffen und hat seine Augen auf mich gerollt.

Die Tante hat geschrien: »Siehst du, er ist es gewesen! Mein Lorchen ist so klug!«

Meine Mutter hat gesagt: »Wenn er aber doch sein unregelmäßiges Verbum studiert hat!«

»Du glaubst immer deinen Kindern«, hat die Tante gesagt. »Davon kommt es, dass sie so werden.«

Ich habe beim Fenster hinausgeschaut, und ich habe gesagt, ich glaube, dass der Michel vom Gartenzaun herüber gespritzt hat, weil das Fenster offen ist. Die Tante hat gesagt, es ist viel zu weit und viel zu hoch, und dann muss man es doch am Fenster sehen, und das Fenster ist kein bisschen nass.

Ich sagte, der Michel kann furchtbar gut zielen, und ich bin es einmal nicht gewesen.

Da hat Ännchen gerufen, dass wir zum Essen kommen, die Suppe steht schon auf dem Tisch, und wir sind gegangen.

Der Papagei hat sich immer geschüttelt und hat die Federn aufgestellt, und die Tante hat gesagt: »Mein Lorchen muss keine Angst nicht haben. Ich lasse mein Lorchen nicht mehr nass machen.«

Und sie hat mich furchtbar angeschaut, und der Papagei hat mich auch furchtbar angeschaut.

Aber ich habe gedacht, er wird noch viel ärger schauen, wenn das Pulver losgeht.

Beim Essen ist die Tante noch immer zornig gewesen;

man hat es gekannt, weil ihre Nase vorne ganz weiß war und weil sie mit dem Löffel so schnell die Suppe gerührt hat.

Meine Mutter hat gesagt, sie soll sich die Freude von der Ankunft nicht verderben lassen.

Da hat sie gesagt, dass sie keine Freude nicht hat, wenn man ihr zuerst bös ist, weil sie die Wahrheit redet, und wenn man ein hilfloses Tier in den Tod treibt.

»Aber Frieda!«, hat meine Mutter gesagt, »er ist doch bloß nass gemacht!« Und Ännchen sagte, dass ein kleines Bad keinem Vogel nicht schaden kann.

Da hat die Tante gesagt, sie wundert sich gar nicht, dass wir alle so feindselig sind, weil sie es schon gewohnt ist, und weil schon ihre Brüder so waren und haben doch das ganze Geld verbraucht.

Sie hat so getan, als wenn sie weinen muss, und sie hat sich die Augen gewischt. Aber sie hat keine Tränen daran gehabt. Ich habe es deutlich gesehen.

Meine Mutter ist ganz mitleidig geworden und hat gesagt, dass wir sie alle mögen, weil sie doch die Schwester von unserem lieben Papa ist, und sie soll glauben, dass sie auch bei uns daheim ist.

Da hat die Tante gesagt, sie will uns diesmal verzeihen, und sie will nicht mehr daran denken, was ihr die Familie schon alles angetan hat.

Sie ist auf einmal wieder lustig gewesen, und wie der Braten da war, hat sie mit der Gabel nach der Kommode gezeigt, wo das Bild vom Steinberger war, und sie hat gefragt: »Was ist das für ein hässlicher Mensch?«

»Wo?«, hat meine Mutter gefragt. »Der dort auf der Kommode«, hat sie gesagt.

Meine Mutter ist ganz rot geworden, und Ännchen ist aufgesprungen und ist hinausgelaufen, und man hat durch die Türe gehört, dass sie heult.

Meine Mutter hat ihre Haube gerichtet und hat gesagt, dass der Steinberger oft zu uns kommt und dass er gar nicht hässlich ist. »Er hat aber eine Glatze«, hat meine Tante gesagt. »Und er schielt mit dem linken Auge.«

»Er schielt nicht«, hat meine Mutter gesagt, »es ist bloß eine schlechte Photographie, und es ist überhaupt ein Glück, wenn man ihn kennt, weil er so tüchtig ist.«

Die Tante hat gesagt, sie will nicht, dass es in der Familie einen Streit gibt wegen einem fremden Menschen, aber sie hat nicht gedacht, dass er tüchtig ist, weil er so aussieht, als ob er das Bier gern mag.

Da ist meine Mutter auch hinausgegangen, und bei der Tür ist sie stehen geblieben und hat gesagt, dass sie sich fest vorgenommen hat, bei diesem Aufenthalte sich nicht mit der Tante zu zerkriegen, aber es ist furchtbar schwer.

Auf dem Gange hat sie mit Ännchen gesprochen; das hat man herein gehört, und Ännchen hat immer lauter geweint.

Die Tante hat das Essen nicht aufgehört, und sie hat immer den Kopf geschüttelt, als wenn sie sich furchtbar wundern muss.

Sie hat mich gefragt, ob Ännchen schon lange so krank ist. »Sie ist gar nicht krank«, sagte ich. »Das verstehst du nicht«, hat sie gesagt. »Deine Schwester ist sehr leidend mit kaputte Nerven, weil sie auf einmal weinen muss, und ich habe es immer gedacht, dass sie schwächlich ist, sonst hätte sie auch meinen Koffer getragen.«

Meine Mutter ist auf einmal wieder hereingekommen

und hat schnell gerufen, dass der Amtsrichter zum Kaffee kommt, und sie bittet die Tante, dass sie höflich ist.

Da ist die Tante beleidigt gewesen und hat gesagt, ob man glaubt, dass sie nicht fein ist, weil sie einen Postexpeditor geheiratet hat, und sie weiß schon, wie man sich benimmt, und ein Amtsrichter ist auch nicht viel mehr wie ein Expeditor.

Meine Mutter hat immer nach der Tür geschaut, ob sie vielleicht schon aufgeht, und hat gewispert, die Tante soll nicht schreien, er ist schon auf der Treppe, und sie hat es doch nicht so gemeint, sondern weil die Tante geglaubt hat, dass er hässlich ist. Die Tante hat aber nicht stiller geredet, sondern sie hat laut gesagt: »Man ist auch nicht schön, wenn man eine Glatze hat und schielt.«

Da hat meine Mutter mit Verzweiflung auf die Decke geschaut, und sie hat weinen wollen, aber da ist die Tür aufgegangen, und der Steinberger ist hereingekommen und Ännchen auch, und ihre Augen waren noch rot.

Meine Mutter hat jetzt nicht weinen dürfen, sondern sie hat freundlich gelacht und hat gesagt: »Herr Amtsrichter, das freut mich sehr, dass Sie kommen, und ich stelle Ihnen meine liebe Schwägerin vor, von der ich Ihnen schon erzählt habe.«

Der Steinberger hatte eine Verneigung gemacht, und die Tante hat ihn angeschaut, als wenn sie ihm einen Anzug machen muss.

Und dann hat der Steinberger gesagt, es freut ihn, dass er die Tante kennen lernt, und er hofft, dass es ihr hier gefallt. Und sie hat gesagt, sie hofft es auch, und wenn ihr Papagei nicht misshandelt wird, gefallt es ihr gewiss.

Der Steinberger hat es aber nicht gehört, weil er Ännchen angeschaut hat, und er hat gefragt, warum sie rote Augen hat.

Ännchen sagte, dass der Herd so furchtbar raucht, und meine Mutter hat gesagt, dass man den Herd richten muss. Und die Tante hat gesagt, dass Ännchen überhaupt nicht kochen soll mit so schwache Nerven, und weil sie kränklich ist.

Da hat meine Mutter ein zorniges Auge auf die Tante gemacht und hat gefragt: »Was weißt du von die Nerven? Ännchen ist gottlob das gesundeste Mädchen, was es gibt, und kocht alle Tage und macht die ganze Arbeit im Haus.«

Die Tante hat gelacht, als wenn sie es besser weiß, und dann haben wir uns hingesetzt, und Ännchen ist hinaus, dass sie den Kaffee kocht.

Der Steinberger hat die Tante gefragt, wo sie lebt, und sie hat gesagt, sie wohnt in Erding, weil es so billig ist und sie so wenig Pension hat, und dann hat sie ihn gefragt, ob er schon einmal in Ansbach war, und er hat gesagt, ja, er ist dort gewesen. Da hat sie gefragt, ob er den Regierungsrat Römer nicht kennt, und wie er gesagt hat, nein, er kennt ihn nicht, hat sie gesagt, dass sie sich wundern muss, weil er doch so bekannt ist. Der Steinberger hat gesagt, er ist bloß durchgefahren in Ansbach, und meine Mutter hat gesagt, dann ist es nicht möglich, dass er die Beamten kennt.

Aber die Tante hat gesagt, der Römer ist ein hoher Beamter und kommt gleich nach dem Präsident, da muss man ihn doch kennen. Und sie hat erzählt, dass sie eigentlich seine Frau sein muss, aber es ist nicht gegangen, weil sie aus einer Beamtenfamilie ist, wo die Söhne studiert haben. Meine Mutter ist sonst immer in der Küche und lässt Ännchen hereingehen, wenn der Steinberger da ist, aber heute ist sie nicht hinaus.

Ich glaube, sie hat sich nicht getraut, weil sonst die Tante geschwind etwas sagt, und sie ist immer auf ihrem Sessel gerutscht und hat die Tante gefragt, wie es dem Förster Maier geht, und ob seine Frau gesund ist, und wo die Kinder sind, und ob er noch den schönen Hühnerhund hat; da hat die Tante immer eine Antwort geben müssen, und wenn sie fertig war, hat sie geschwind den Steinberger anreden wollen, aber meine Mutter hat gleich wieder etwas gefragt.

Da ist der Steinberger aufgestanden und hat gesagt, er will nachschauen, ob der Herd noch raucht.

Da hat meine Mutter lustig gelacht, wie er draußen war, und hat gesagt, er ist immer so aufmerksam.

Die Tante hat gesagt, sie weiß nicht, die Photographie kommt ihr geschmeichelt vor, weil er noch stärker schielt in der Wirklichkeit.

Aber meine Mutter hat sich nicht geärgert, und sie hat jetzt die Tante gar nichts mehr gefragt über dem Förster Maier seinen Hühnerhund und seine Kinder, und sie hat fleißig gestrickt.

Und dann ist Ännchen hereingekommen mit dem Kaffee und den Tassen, und der Steinberger ist hinter ihr gegangen und hat gefragt, ob er nicht helfen kann.

Und dann haben wir Kaffee getrunken, und meine Mutter hat gelacht, wenn der Steinberger etwas gesagt hat, und Ännchen hat gelacht, aber die Tante hat nicht gelacht, und sie hat immer an ihre Nase gerieben.

Meine Mutter hat gefragt, ob es ihr schmeckt, und sie hat gesagt, sie weiß es nicht, weil es so ungewohnt ist, denn sie kann mit ihrer Pension keinen Bohnenkaffee kaufen.

Da hat der Steinberger gesagt, das ist schade, denn der Kaffee ist das Beste, was es gibt, besonders wenn ihn Fräulein Ännchen kocht.

Die Tante hat ihn gefragt, ob er immer den Kaffee so gerne gemocht hat, und er hat gesagt, ja. Da hat sie gelacht und hat gesagt, das kann sie gar nicht glauben, weil die Studenten so gern Bier trinken.

Da hat er auch gelacht und hat gesagt, dass er nicht viel getrunken hat, weil er fleißig sein musste und nicht viel Geld hatte.

Aber die Tante hat wieder gesagt, sie glaubt es einmal nicht.

»Warum glaubst du es nicht?«, hat meine Mutter gesagt. »Es gibt doch viele Studenten, die kein Bier nicht trinken, und der Herr Amtsrichter hat keine Zeit dazu gehabt, und er musste mit seinem Geld sparen.«

»Das weiß man schon, wie die Studenten sparen«, hat die Tante gesagt. »Wenn sie nichts mehr haben, so lassen sie alles aufschreiben. Das weiß niemand besser als ein Mädchen, von dem drei Brüder studieren. Und der Herr Amtsrichter hat so wenig Haar auf dem Kopf, da war er gewiss einmal recht lustig.«

Ännchen hat gerufen: »Aber Tante!« Und meine Mutter hat gerufen: »Aber Frieda!« Und sie hat gesagt: »Was habt ihr denn? Ich meine es im Spaß, und es ist doch wahr, dass man seine Haare verliert, wenn man recht lustig ist und ein bisschen gerne trinkt.«

Ich habe gemeint, der Steinberger ärgert sich. Aber er hat gelacht und hat gesagt, dass er schon oft in diesem Verdachte steht, aber er ist einmal krank gewesen, und da sind ihm die Haare weggekommen.

Er ist bald aufgestanden, weil er in seine Kanzlei muss, und er hat meine Mutter auf die Hand geküsst und hat vor der Tante eine Verneigung gemacht, und mich hat er lustig beim Ohr genommen und hat gesagt: »Sei recht brav, wenn du es fertigbringst, du Schlingel!«

Ännchen hat ihn bis zur Haustür begleitet; wie wir allein gewesen sind, hat meine Mutter gesagt: »Frieda, es ist schrecklich mit dir! Wenn er beleidigt ist, kann ich nie mehr gut sein mit dir.«

Und da ist auch Ännchen wiedergekommen und ist gleich auf das Kanapee hingefallen und hat geheult und hat gesagt, sie glaubt, dass der Steinberger nie mehr zum Kaffee kommt, und er ist viel schneller fort wie sonst.

Die Tante hat noch eine Tasse vollgeschenkt und hat gesagt, sie hat noch keine Familie gesehen mit so kaputte Nerven, und sie muss sich wundern, wo das herkommt.

Da habe ich gedacht, ich will schon machen, dass sie auch heult, und bin geschwind hinaus.

In meinem Zimmer habe ich das Pulver geholt, und eine Zündschnur habe ich auch gehabt, weil ich oft im Wald einen Ameisenhaufen in die Luft sprengen muss.

Ich habe das Pulver in ein Papier gewickelt und die Schnur hineingesteckt, und dann bin ich in der Tante ihr Zimmer und habe alles in den Käfig getan. Die Schnur ist so lang gewesen, dass sie fünf Minuten brennt, und sie ist herausgehängt.

Wie ich das Paket mit dem Pulver hineingeschoben habe, ist der Papagei ganz oben hinaufgeklettert und hat seinen Schnabel aufgerissen und hat gefaucht wie eine Katze.

Ich bin noch einmal auf den Gang hinaus und habe gehorcht, ob niemand kommt, es ist aber ganz still gewesen.

Da bin ich wieder hinein und habe das Zündholz angebrannt und an die Schnur gehalten. Es hat gleich geraucht. Der Papagei ist jetzt auf der Stange gesessen und hat den Kopf auf die Seite getan und hat Obacht gegeben auf mich. Ein Auge hat er zugedrückt, und mit dem andern hat er furchtbar geschaut. Wie die Zündschnur geraucht hat, ist der Papagei hergerutscht und hat seinen Kopf herausgestreckt und hat hinuntergeschaut, warum es raucht.

Ich dachte, er wird es schon noch merken und bin geschwind fort, aber wie ich an das Wohnzimmer gekommen bin, da bin ich langsam gegangen und bin ganz ruhig hinein, als wenn nichts ist.

Ännchen hat noch geweint, und meine Mutter war rot im Gesicht, und die Tante hat noch Kaffee getrunken. Ich glaube, sie haben es gar nicht gemerkt, dass ich fort war.

Die Tante hatte gerade gesagt, sie weiß schon, dass man sie in unserer Familie nicht leiden kann, aber das ist immer der Dank von den Brüdern, wenn sie fertig sind und das ganze Geld gebraucht haben; dann kümmern sie sich nicht mehr um die Schwestern.

Da hat meine Mutter gesagt, dass unser Vater sich schon gekümmert hat um sie und dass er oft gesagt hat, es tut ihm leid, wenn die Frieda nirgends bleiben kann wegen ihrem bösen Mundwerk.

Die Tante hat den Kaffeelöffel auf den Tisch geworfen und hat geschrien: »Wenn er das gesagt hat, ist es eine Gemeinheit! So muss man es seiner Schwester machen! Zuerst das Geld verputzen und dann…«

»Pfff-uum!«

Es hat einen dumpfen Knall gemacht, und das Küchenmädchen hat gleich furchtbar geschrien und ist hereingelaufen, und wie sie die Tür aufgemacht hat, da hat es furchtbar nach Pulver gerochen, und der Gang ist voll Rauch gewesen.

Ich habe vergessen gehabt, dass ich die Zimmertür von der Tante zumache.

Das Mädchen hat gerufen, es ist was losgegangen, sie glaubt, es brennt. »Wo? Wo?«, hat Ännchen geschrien.

»Um Gottes willen, wo ist die Feuerwehr?«, hat meine Mutter geschrien.

Wir sind auf den Gang gelaufen, da hat man gesehen, dass der Rauch aus der Tante ihrem Zimmer kommt, und die Tante ist hinein, und da hat sie geschrien, als ob sie auf dem Spieß steckt.

»Um Gottes willen, was ist jetzt?«, hat meine Mutter gesagt, und es ist ihr schwach geworden, dass sie nicht weitergegangen ist. Ich habe gesagt, ich will ihr helfen, und bin bei ihr geblieben. Ännchen ist schon wieder aus dem Zimmer gekommen und hat gerufen: »Sei ruhig, Mamachen! Es ist bloß der Papagei!« Da ist die Tante herausgefahren aus ihrem Zimmer und hat geschrien: »Was sagst du, es ist bloß der Papagei? Du rohes Ding! Du abscheuliches Ding!«

»Ich habe Mama beruhigt, dass es nicht brennt«, sagte Ännchen.

»Und das Tierchen sitzt ganz voll Pulver in seinem Käfig, und sie sagt, es ist bloß der Papagei! Du rohes Ding!«, schrie die Tante.

»So sei doch ruhig, Frieda!«, hat meine Mutter gesagt. »Vielleicht ist es nicht so arg.«

»Ihr helft alle zusammen!«, schrie die Tante, und dann ist sie gegen mich gelaufen und hat noch lauter geschrien: »Du bist der Mörder! Du bist der ruchlose Mörder!«

»Schimpfe ihn nicht so!«, hat meine Mutter gesagt. »Er ist ganz unschuldig; er ist doch im Zimmer gewesen.«

Ich sagte, ich bin es schon gewohnt, dass die Tante immer mir die Schuld gibt, aber es ist mir zu dumm, und ich sage gar nichts. Ich weiß noch gar nicht, was geschehen ist.

»Du weißt es schon!«, schrie die Tante. »Du hast es getan, und sonst hat es niemand getan. Aber du musst gestraft werden, wenn auch deine Mutter auf die Kniee bittet!«

»Ich bitte dich gar nichts, Frieda, als dass du nicht so schreist«, hat meine Mutter gesagt.

Wir sind jetzt auch in das Zimmer gekommen, und der Rauch war schon beim Fenster hinaus, aber es hat doch nach Pulver gerochen und nach verbrannte Federn.

Der Papagei ist auf dem Boden von dem Käfig gesessen, aber er war nicht mehr grün und rot. Er war ganz schwarz. Die Schwanzfedern sind verbrennt gewesen und struppig und sind auseinander gestanden. Der Kopf ist auch ganz schwarz gewesen, und die Augen sind gewesen wie von einer Eule so groß. Er ist ganz still gesessen und hat mich angeschaut. Ich glaube, er hat sich furchtbar gewundert, wie es losgegangen ist.

»Er lebt doch!«, hat meine Mutter gesagt. »Er wird schon wieder gesund werden.«

»In diesem Hause nicht!«, hat die Tante geschrien. »In diesem abscheulichen Hause lasse ich das Tierchen keinen Tag nicht mehr! Ich gehe heute noch fort!«

Und sie ist aber auch fortgegangen.

Die Indianerin

Auf einmal ist die Cora zu uns gekommen, und ich habe gar nichts von ihr gewusst.

Sie ist die Tochter vom Onkel Hans, der in Bombay ist, weil er nichts gelernt hat und davongejagt worden ist. Aber jetzt hat er viel Geld und eine Teepflanzung, und er schaukelt in einer Hängematte, und die Sklaven müssen fächeln, dass keine Fliege hinkommt.

Die Cora hat mir gleich gefallen. Sie hat schwarze Augen und schwarze Haare und lacht furchtbar. Aber nicht so wie die Rosa von der Tante Theres, die immer die Hand vortut, dass man ihre abscheulichen Zähne nicht sieht.

Wie die Cora gekommen ist, hat sie mir die Hand geschüttelt, als wenn sie ein Junge wäre, und sie hat meine Mutter am Kopf genommen und hat gesagt, dass sie eine famose Frau ist, und hat sie geküsst.

Und zu Ännchen hat sie gesagt, dass sie ein hübsches Mädchen ist, und wenn sie ein junger Mann wäre, möchte sie ihr schrecklich den Hof machen. Und zu mir hat sie gesagt, dass ich gewiss ein strebsamer Student bin und noch ein Gelehrter werde mit Brillen auf der Nase. Da hat sie aber gelacht, weil meine Mutter seufzte. Ich habe ihr schon erzählt, dass ich gar nicht strebsam bin, und dass ich es machen möchte wie der Onkel Hans, und ich möchte nach Bombay gehen und Tiger schießen.

Sie hat gesagt, vielleicht kann sie mich mitnehmen, aber ich muss es gut überlegen, weil die Tiger so gefährlich sind. Da habe ich gesagt, ich sitze auf einem Elefanten und schieße von oben herunter, und wenn der Tiger recht wild wird, kann er meine Sklaven fressen, die daneben herlaufen.

Sie hat gesagt, das ist wahr. Ich bin ein gescheiter Kerl, und wenn ich mit dem Gymnasium fertig bin, muss ich hinüberkommen.

Ich habe gesagt, das dauert mir zu lang, und man braucht doch kein Gymnasium nicht, wenn man nach Indien will. In den Büchern steht immer, dass ein Knabe durchbrennt und auf dem fremden Erdteil furchtbar viel Geld kriegt und auf Weihnachten als reicher Mann heimkommt. Das möchte ich auch, weil dann die Tante Theres die Augen aufreißt und neidisch ist, weil ich meiner Mutter einen ganzen Koffer voll Pelze mitbringe.

Cora hat gelacht und hat gesagt, ich muss es noch verschieben, weil ich viel lernen muss, dass unsre Mutter sich auch ohne Pelze freuen kann.

Ich bin immer bei Cora gewesen, wenn ich frei gehabt habe. Wir sind oft auf den Stadtplatz gegangen, weil die Musik gespielt hat, und alle Leute sind um den Springbrunnen gestanden oder gegangen. Die Herren haben immer geschaut, wenn wir gekommen sind, und am meisten hat der Apothekerprovisor geschaut. Er heißt Oskar Seitz. Ich weiß es, weil die Tante Theres so viel erzählt von ihm, denn sie glaubt, er mag die Rosa heiraten. Er ist in der Engelapotheke, und ich kann ihn nicht leiden, weil er so protzig tut, wenn man Bärenzucker kauft. Wenn Mädchen im Laden sind, muss man furchtbar lang warten, und da habe ich einmal mit meinem Geld auf den Tisch geklopft und habe gesagt, es ist eine Schweinerei, wie schlecht man heutzutage bedient wird. Da hat er gesagt, ich bin ein frecher Lausejunge, und er haut mir noch einmal auf die Ohren. Da habe ich gesagt, ich will mich bei seinem Prinzipal beschweren, und meinen Bärenzucker muss ich leider wo anders beziehen. Da hat er mich nicht mehr leiden können. Ich habe es der Cora erzählt, und wenn wir ihn gesehen haben, hat sie immer lachen müssen. Der Seitz hat gegrüßt und hat seine Augen furchtbar groß gemacht. Sie stehen ihm ganz weit heraus und sind grün wie die von einer Katze. Er hat sich immer umgedreht nach uns und ist immer so gegangen, dass er wieder bei uns vorbeigekommen ist. Einmal ist die Cora von mir weggegangen, weil sie eine Freundin von Ännchen gesehen hat. Da ist der Seitz zu mir und hat freundlich getan. Er hat gefragt, wie es mir geht und wie es meiner Mutter geht. Ich habe gesagt, es geht uns gut. Da hat er gefragt, ob wir Besuch haben, und ob es wahr ist, dass die junge Dame von Indien ist. Ich habe gesagt, sie ist von Indien. Da hat er gesagt, das ist sehr interessant, und ob sie noch lange bleibt und wer ihre Eltern sind. Ich habe gesagt, dass ihr Papa der Onkel Hans ist, der ganze Schiffe voll Tee nach Europa schickt. Er hat mir die Hand gegeben und hat gesagt, ob ich nicht wiederkomme, und er schenkt mir Bärenzucker. Ich habe gesagt, vielleicht komme ich. Am Sonntagvormittag hat es bei uns geläutet, und wie ich aufgemacht habe, ist der Seitz dagewesen in einem schwarzen Anzug und mit gelbe Handschuhe. Er hat gesagt, er will nur meine Mutter besuchen, weil er sie lange nicht mehr gesehen hat. Ich habe ihn in das schöne Zimmer geführt, und meine Mutter hat sich gefreut, dass er so aufmerksam ist, und sie ist hinein; und ich bin auch hinein. Der Seitz hat sich auf das Kanapee gesetzt und hat den Hut auf die Knie gehalten. Meine Mutter hat gesagt, das ist schön, dass er uns die Ehre gibt, und wie es ihm geht. Er hat gesagt, es geht ihm gut, aber natürlich man muss viel arbeiten, weil noch oft Leute bei der Nacht kommen und eine

Arznei wollen, und es ist merkwürdig, wie viele Krankheiten es in der Stadt gibt. Meine Mutter hat gesagt, dass es traurig ist, aber sie hofft, es wird jetzt im Sommer besser, weil sich die Leute nicht so verkälten. Er hat gesagt, er hofft es auch, und dann hat er seinen Hut gehalten und hat furchtbar gegähnt, dass seine Augen nass geworden sind. Dann hat er wieder gesagt, es gibt aber auch im Sommer viele Krankheiten und es hört nie auf. Er hat im Zimmer herumgeschaut, als wenn er auf jemand wartet, und meine Mutter hat gefragt, ob der Herr Apotheker gesund ist. Er ist schon gesund, hat er gesagt, und er geht jetzt aufs Land. Meine Mutter hat gesagt, natürlich, der Herr Apotheker kann beruhigt aufs Land gehen, weil der Herr Seitz dableibt und das ganze Geschäft führt. Sie hat es von der Tante Theres gehört, wie tüchtig der Herr Provisor ist. Er hat wieder den Hut vorgehalten und hat gegähnt. Und dann hat er gefragt, wie es dem Fräulein Ännchen geht. Meine Mutter hat freundlich gelacht und hat gesagt, es geht ihr gottlob gut, und sie ist ein kerngesundes Mädchen. Da hat der Seitz gesagt, er freut sich schon auf den Winter, wenn er mit ihr tanzen darf, und ob sie vielleicht wieder auf den Harmonieball kommt. Meine Mutter hat gesagt, wenn sie noch das Leben hat, geht sie mit Ännchen hin, und es tut ihr leid, dass Ännchen nicht zu Hause ist; aber sie ist mit unserer Nichte fortgegangen. Mit welcher Nichte? hat der Seitz gefragt. Mit Mistress Pfeiffer, hat meine Mutter gesagt. Ach ja, hat der Seitz gesagt, es ist vielleicht die ausländische Dame? Jawohl, hat meine Mutter gesagt, es ist das hindianische Mädchen. Der Seitz hat gesagt, er hat davon gehört, und es ist sehr interessant, dass wir von so weit einen Besuch kriegen, und er hat als Apotheker ein großes Interesse für Indien, weil die meisten Arzneien davon herkommen. Meine Mutter hat gesagt, es ist sehr schade, dass Cora nicht da ist, denn sie könnte dem Herrn Provisor gewiss alles erzählen, weil sie ein sehr gebildetes Mädchen ist. Der Seitz ist aufgestanden und hat gesagt, er muss jetzt gehen, und er hat gottlob gesehen, dass meine Mutter in der besten Gesundheit ist, und es findet sich vielleicht schon eine Gelegenheit, dass er auch die Fräulein Nichte kennen lernt, weil man jetzt an den warmen Abenden öfter auf den Keller geht. Dann ist er gegangen, und vor der Türe hat er zu mir gesagt, er hofft, dass ich bald einen Bärenzucker hole.

Wie die Cora heimgekommen ist, habe ich ihr gleich erzählt, dass der Seitz dagewesen ist, und sie hat gelacht. Aber sie hat mir nicht gesagt, warum sie lachen muss. Ich glaube, weil er so grüne Augen hat und sie so weit heraushängen lässt.

Am Nachmittag ist die Tante Theres gekommen mit ihrer Rosa, und der Onkel Pepi ist auch gekommen mit der Tante Elis. Wir sind im Gartenhaus gesessen und haben Kaffee getrunken. Meine Mutter war sehr lustig, weil so viele Leute beisammen waren, und Cora hat gleich die Kaffeekanne genommen und hat eingeschenkt. Sie hat den Onkel Pepi gefragt, ob er hell oder dunkel will. Da hat er gesagt, er mag dunkel gern, und hat Cora angeschaut und hat gelacht. Die Tante Elis hat seine Tasse weggezogen und hat gesagt, er darf nicht gleich trinken, weil der Kaffee zu heiß ist. Meine Mutter hat gelacht und hat gesagt, ob sie will, dass der Onkel Pepi noch schöner wird, weil man schön wird, wenn man den Kaffee kalt trinkt. Die Tante Elis ist rot geworden und hat gesagt, er ist ihr schön genug, und für andere Leute braucht er nicht schön zu sein. Cora hat gemeint, es ist Spaß, weil sie die Tante Elis noch nicht recht kennt, und sie hat mit dem Finger gedroht und hat gefragt, ob vielleicht die Tante eifersüchtig wird, wenn der Onkel Pepi noch schöner wird. Da hat die Tante Elis gesagt, dass man in Deutschland nicht eifersüchtig sein muss, weil die Frauen in Deutschland anständig sind. Meine Mutter hat ihre Haube gerichtet. Das tut sie immer, wenn sie ärgerlich wird. Aber Cora hat getan, als wenn sie nichts merkt, und hat der Tante Theres eingeschenkt, und dann hat sie der Rosa einschenken wollen. Aber die Rosa hat geschwind ihre Hand über die Tasse gehalten und hat gesagt, sie trinkt später und schenkt sich schon selber ein.

Eine Zeitlang ist gar nichts geredet worden; der Onkel Pepi hat eine Schnupftabakdose in der Hand herumgedreht, und die Rosa hat aus ihrer Samttasche die Spitzen geholt und hat furchtbar gehäkelt, und die Tante Theres hat gestickt, und die Tante Elis hat ihre Hände über den Bauch gefaltet und hat herumgeschaut. Die Cora ist neben Ännchen gesessen und hat ihr einen Zwieback in den Mund geschoben, und dann haben alle zwei lustig gelacht. Aber die Tante Elis hat den Kopf geschüttelt und hat den Onkel Pepi angeschaut, und dann hat sie wieder den Kopf geschüttelt. Und die Tante Theres hat eine Stricknadel aus dem Strumpf gezogen und hat sich an die Nase gekitzelt und hat die Tante Elis angeschaut, und dann haben sie miteinander den Kopf geschüttelt. Die Cora hat meine Mutter beim Kinn genommen und hat gesagt: »Altes Mamachen, du trinkst gar keinen Kaffee nicht; er ist doch ganz echt von Indien.« Und sie hat ihr einen Kuss gegeben. Die Tante Elis hat noch stärker den Kopf geschüttelt, und die Tante Theres hat gesagt, sie muss sich auch wundern, dass meine Mutter den Kaffee nicht mag, weil sie doch sonst eine solche Vorliebe für das Indische hat. Da hat sich der Onkel Pepi getraut und hat gesagt, dass der Kaffee ausgezeichnet ist, und er hat noch nie einen so guten getrunken. Die Tante Elis hat die Augen zu ihm hingedreht und hat gesagt, wenn er mehr Gehalt hätte, und wenn sie nicht jeden Pfennig anschauen muss, dann hätten sie alle Tage einen feinen Bohnenkaffee. Cora hat freundlich den Onkel angelacht und hat gesagt, wenn er vielleicht ihren Papa in Bombay besucht, kann er den allerbesten trinken. Da ist die Tante Elis wieder rot geworden und hat gesagt, dass der Onkel Pepi daheim gut aufgehoben ist und nicht fortzureisen braucht. Und die Tante Theres hat furchtbar mit dem Kopf genickt und hat mit ihrer Stricknadel in die Zähne gestochen. Und dann hat sie ganz langsam gesagt: »Bleibe im Lande und nähre dich redlich!«

Der Onkel Pepi hat nichts gesagt und hat geschnupft. Aber die Cora hat sich nichts daraus gemacht und hat die Rosa gefragt, was sie für eine Arbeit macht. Sie macht einen Sofaschoner, hat die Rosa gesagt und hat gar nicht aufgeschaut. Da hat die Cora gesagt, es muss sehr langweilig sein, wenn man so ein großes Stück häkelt, und es ist vielleicht gescheiter, wenn man es billig kauft. Die Tante Theres hat zur Tante Elis Augen gemacht und hat geseufzt, und dann hat sie gesagt, dass sich in Deutschland die Mädchen nützlich beschäftigen müssen, und dass nicht alle Leute Geld haben zum Kaufen. Da ist Cora auch ein bisschen rot geworden und hat gefragt, ob es so nützlich ist, wenn man ein halbes Jahr lang arbeitet und dann nichts hat als einen Sofaschoner.

Die Tante Theres hat angefangen zu schielen, und ich habe gewusst, dass sie jetzt ganz wild ist. Sie hat gesagt, dass es jedenfalls nützlicher ist, als wenn die Mädchen nichts tun. Vielleicht ist es bei den Indianern anders. Da hat meine Mutter dareingeredet, dass man sehr brav sein kann und nicht häkelt, und dass man häkeln kann und nicht brav ist. Da hat Cora lustig gelacht und hat gesagt, dass meine Mutter eine famose Frau ist, und sie holt auch eine Handarbeit, damit sie für die Tanten brav ausschaut. Sie ist aufgestanden, und Ännchen ist mit mir gegangen. Wie sie weg gewesen ist, hat meine Mutter ihre Haube noch fester gesteckt und hat gesagt, sie begreift nicht, wie man sich so benehmen kann. »Wer?«, hat Tante Elis gefragt. »Ihr zwei«, hat meine Mutter gesagt. Da hat die Tante Theres gelacht, als wenn sie einen furchtbaren Spaß hat, und die Tante Elis hat gerufen: »Nein, du bist köstlich!« Und die Rosa hat gekichert, dass man ihre schmutzigen Zähne gesehen hat. Die Tante Elis hat noch einmal gerufen: »Du bist wirklich köstlich!« Und Tante Theres hat gesagt: »Ärgere dich nicht, Elis, das Indianerkind ist eben eine Perle.«

»Was hat sie euch getan?«, hat meine Mutter gefragt. »Hat sie euch beleidigt?«

»Das möchte ich ihr nicht raten«, hat Tante Theres gesagt und hat furchtbar geschielt und hat ihre Stricknadel in den Wollknäuel gestochen, als wenn er ihr Feind ist. Und Tante Elis hat gesagt: »Wie benimmt sich denn dieses Mädchen überhaupt?«

»Sie benimmt sich sehr fein«, hat meine Mutter gesagt.

Da hat Tante Elis den Kaffeelöffel auf den Tisch hineingeworfen und hat gefragt, ob es vielleicht fein ist, wenn ein Mädchen so mit ihren Augen herumschmeißt auf alte Männer, die nie gescheit werden, und ob es vielleicht anständig ist, einen Mann aufzuhetzen gegen seinen Kaffee, den er daheim kriegt?

Und Tante Theres hat gesagt, sie erlaubt ihrer Rosa nicht, dass sie zu viel verkehrt mit dieser exotischen Erscheinung. Meine Mutter hat ganz verwundert geschaut. Sie versteht es nicht, warum alle so bös sind auf Cora. Sie hat sich gefreut auf Deutschland, und jetzt schimpfen die Verwandten darauf. Tante Elis hat gesagt, wenn man nicht blind ist, sieht man es schon, dass dieses Mädchen keine Erziehung hat. Cora hat erst nach drei Wochen bei ihr einen Besuch gemacht, und wie sie da war, hat sie ganz unanständig gelacht über den ausgestopften Mops im Wohnzimmer, und dann ist sie nicht mehr gekommen, aber ein gewisser Mann, der nie gescheit wird, sagt jetzt auch, dass der ausgestopfte Buzi ekelhaft ist, und den Kaffee will er auch nicht mehr, aber sie will sehen, ob sie ihrem Mann den Kopf verdrehen lässt.

Tante Theres hat so stark gestrickt, dass sie mit den Nadeln geklappert hat, und sie hat gesagt, wie sich die Cora gegen die jungen Herren benimmt, das ist eine Schande. Vielleicht geht so was in Bombay, aber nicht hier in Weilbach, wo man noch Anstand hat, und sie hat kein Korsett nicht an.

Rosa hat ihren Kopf so hineingesteckt, als wenn sie sich schämen muss wegen ihre Verwandte, und alle haben nicht gesehen, dass hinten am Zaun der Apotheker Seitz vorbei ist. Er ist dort gestanden und hat immer gegrüßt, aber ich habe mit Fleiß getan, als wenn ich ihn nicht kenne. Da ist er gegangen und hat immer umgeschaut. Wie er fort war, hat die Tante Theres immer noch geredet und hat gesagt, dass es in der ganzen Stadt aufgefallen ist, wie neulich die Cora den Herrn Provisor Seitz angelacht hat. Sie glaubt, dass der Provisor ein solches Benehmen sich gar nicht erklären kann.

Da habe ich gesagt, vielleicht ist der Seitz deswegen am Zaun gestanden, dass man es erklärt.

Die Rosa ist mit ihrem Kopf in die Höhe und hat gefragt: »Wer war am Zaun?« »Der Seitz mit die grüne Augen«, habe ich gesagt. »Der Lausbub lügt«, hat Tante Theres gerufen. »Ich lüge nicht«, habe ich gesagt, »der Seitz ist immer dort gestanden und hat mit seinem Hut geschwenkt, aber niemand hat auf ihm aufgepasst; da ist er weg.« Die Rosa hat mich angefahren, warum ich nichts gesagt habe. Weil die Tante geredet hat, und man darf keine älteren Leute nicht unterbrechen, habe ich gesagt. Da haben sie mich giftig angeschaut, und die Tante Theres hat meine Mutter gefragt, ob sie kein Wort findet gegen mich, weil ich schuld bin, wenn der Provisor beleidigt ist. »Es ist wahr, Ludwig«, hat meine Mutter gesagt, »du musst uns das nächste Mal aufmerksam machen.«

»Das nächste Mal!«, hat die Tante geschrien. »Glaubst du vielleicht, dass ein Mann wie der Herr Seitz sich so etwas gefallen lässt?«

»Der Herr Seitz weiß schon, dass ich ihn nicht beleidigen will«, hat meine Mutter gesagt. »Er ist heute bei uns gewesen, und wir haben uns sehr gut unterhalten.« – »Wer ist bei dir gewesen?«, hat die Tante gefragt. »Der Herr Provisor Seitz; er hat einen Besuch bei uns gemacht.« Die Rosa hat ihre Augen aufgerissen und hat die Tante angeschaut. Da habe ich mit Fleiß gesagt, dass mir der Seitz Bärenzucker versprochen hat, weil ich ihm von der Cora erzählt habe.

Die Rosa ist aufgesprungen, dass sie eine Tasse umgeschmissen hat, und sie hat ihre Häkelei in die Samttasche geworfen und hat gesagt, sie bleibt nicht mehr. Und Tante Theres hat auch ihren Strumpf eingepackt, und wie sie fertig war, hat sie zu meiner Mutter gesagt, es ist abscheulich, dass sie noch in ihre alten Tage ein Komplott macht.

»Was für ein Komplott?«, hat meine Mutter gefragt, und sie ist ganz erstaunt gewesen. Aber die Tante Theres hat gesagt, sie soll um Gottes willen sich nicht so unschuldig stellen, und sie wird noch sehen, ob sie einen Dank hat von der Indianerin. Dann sind sie gegangen. Die Cora ist gerade gekommen mit einer Decke, wo sie öfter stickt. Aber sie sind an ihr vorbei und haben getan, als wenn sie nichts sehen. Cora hat gefragt, was geschehen ist. »Ich weiß es nicht«, hat meine Mutter gesagt. »Weißt du es, Elis?« Die Tante Elis ist aufgestanden und hat gesagt: »Man sieht verschiedenes und sagt nichts, und man kann vieles sagen, aber man schweigt lieber.«

Sie hat dem Onkel Pepi gewinkt, dass er mitgehen muss, und er hat seine Tabakdose eingepackt und ist hinter der Tante gegangen.

Wie sie nicht hingeschaut hat, da hat er den Kopf umgedreht, aber sie hat es gesehen, und er hat vorangehen müssen.

Meine Mutter ist auf ihrem Stuhl gesessen und hat den Kopf geschüttelt.

Sie hat nicht gewusst, was die Tanten haben. Aber ich weiß es, und sie ärgern sich, weil der Seitz seine Augen nicht so weit heraushängt, wenn er bloß die Rosa sieht.

Franz und Cora

Den Reiser Franz habe ich furchtbar gern. Er ist in der Kollerbrauerei, dass er sieht, wie man das Bier macht, weil sein Vater auch eine Brauerei hat. Er hat mir erzählt, dass er daheim eine Jagd hat, und ich darf einmal bei ihm schießen. Er wohnt gleich neben uns, und wir kommen immer am Gartenzaun zusammen. Er lässt mich von seiner Zigarre rauchen und lacht furchtbar, wenn ich ihm erzähle, dass ich jemand geärgert habe, und er sagt, dass man sich von einem Professor nichts gefallen lassen muss.

Er ist stark und kann hoch springen, und er kann gut turnen. Ich habe ihn gesehen, dass er mit den Bräuburschen im Spaß gerauft hat, und er hat alle hingeschmissen. Er hat mir vorher in der Woche ein paarmal gepfiffen, dass ich zu ihm hingehe, aber jetzt kommt er jeden Tag an den Gartenzaun, und ich muss mit ihm reden. Vorher hat er oft keinen Kragen angehabt und ist in Hemdärmeln gewesen, aber jetzt hat er immer einen Kragen um. Er ist auch nicht mehr so lustig. Vorher, da hat er mir oft gezeigt, wie er auf den Händen gehen kann, und er hat meine Tante Elise nachgemacht, wie sie bloß einen Zahn hat, und er hat mir einen Pulverfrosch gegeben, dass ich ihn wo loslasse.

Aber jetzt macht er die Tante nicht mehr nach, und wenn ich einen Frosch haben will, sagt er, das muss man nicht tun. Wenn es so knallt, erschreckt vielleicht jemand. Da habe ich mich gewundert. Ich habe ihm erzählt, dass ich heuer vielleicht repetieren muss, da hat er gesagt, dass es traurig ist wegen meiner Mutter, und ich soll probieren, ob ich nicht durchkomme. Ich habe gesagt, es liegt mir nichts daran, weil ich nicht weiter studieren will. Er hat den Kopf geschüttelt, und er hat gesagt, ich verstehe es noch nicht, sonst möchte ich furchtbar lernen.

»Warum?«, habe ich gefragt.

»Weil man keinen Respekt nicht hat vor einem ungebildeten Menschen«, hat er gesagt, »und wenn einer auf keinem Gymnasium war und vielleicht bloß in einer Brauerei ist, muss man es deutlich merken, dass man viel weniger ist, und auch die Mädchen geben nicht acht auf einen.«

Ich habe gesagt, die Mädchen lernen doch selber nichts.

»Sie brauchen es nicht«, hat er gesagt; »wenn sie hübsch sind und auf dem Klavier spielen, ist es schon genug. Aber ein Mann, der nicht studiert hat, gilt gar nichts.«

Er ist sehr traurig gewesen, und dann hat er mich gefragt, wie es dem Fräulein Cora geht.

Der Cora geht es ganz gut, hab ich gesagt.

Ob sie nicht von ihm redet, hat er gefragt.

Ich habe ihm gesagt, sie redet schon von ihm, aber nicht viel.

Da hat er gesagt, ob es freundlich war, was sie geredet hat. Ich habe gesagt, ich weiß es nicht mehr so genau. Einmal hat sie zu mir gesagt, ob vielleicht der Herr Reiser das Bier macht, was wir trinken, und es war nicht gut auf diesen Abend. Aber sonst weiß ich nicht mehr, ob sie noch etwas gesagt hat.

Da ist der Franz wieder traurig gewesen und hat den Kopf geschüttelt, und er hat gesagt, er glaubt nicht, dass sie sonst etwas von ihm redet, denn sie meint, er kann nichts als vielleicht das Biermachen. Und sie hat gewiss keinen Respekt nicht vor ihm, weil er nicht auf einem Gymnasium war. Und dann hat er mir gesagt, ich muss recht aufpassen, was die Cora von ihm redet; und dann ist er gegangen.

Ich habe gedacht, ich will zu ihm helfen, weil ich ihn gerne mag, und beim Abendessen, da habe ich wieder daran gedacht. Wir haben Schinken gegessen und Salat, wo harte Eier darauf waren, und das Bier war sehr frisch. Meine Mutter hat es gelobt und hat gesagt, sie freut sich den ganzen Tag schon auf ihr Quart Bier, und es schmeckt so gut. Da habe ich sie gefragt, ob man Respekt haben muss vor einem, wenn er gutes Bier macht. Meine Mutter hat gesagt, man muss Respekt haben vor jedem, der seinen Beruf versteht. Ich habe gefragt, ob sie meint, dass vielleicht ein Professor mehr versteht als einer, der gutes Bier macht. Man kann es nicht vergleichen, hat sie gesagt, und wo einen der liebe Gott hinstellt, da muss man seine Pflicht erfüllen. Das ist die Hauptsache. Ich habe gesagt, wenn einen der liebe Gott hinstellt, dass man Bier macht, warum tun dann die Menschen glauben, dass ein Professor mehr ist, weil er auf dem Gymnasium war? Die Cora hat furchtbar gelacht, und sie hat gesagt, ich bin auf einmal ein tiefsinniger junger Mann, und sie hat einen Verdacht, dass ich jetzt Bier machen will.

»Um Gottes willen«, hat meine Mutter gerufen; »du hast doch keine solchen Gedanken nicht, Ludwig, dass du von dem Schimnasium weggehst?«

Nein, habe ich gesagt, aber warum sie das Weggehen so erschreckt? Wenn mich doch der liebe Gott dazu hinstellen will, muss ich dabei meine Pflicht tun.

Es ist nicht der liebe Gott, hat meine Mutter gesagt, sondern es ist deine Faulheit.

Ich will doch gar nicht weg, habe ich gesagt. Aber jetzt sieht man es deutlich, dass ihr bloß Respekt habt vor dem Gymnasium.

Die Cora hat wieder gelacht, und sie hat wieder gesagt, vielleicht ist für meine Betrachtungen der Herr Reiser schuld, weil ich jetzt so oft bei ihm bin.

Da bin ich zornig geworden. Er ist nicht schuld, habe ich gesagt, er sagt immer, ich muss studieren, weil man sonst nichts ist, aber ich habe ihn getröstet.

»Wie hast du das gemacht?«, hat Cora gefragt.

»Ich habe ihm gesagt«, habe ich gesagt, »dass die Mädchen bloß deswegen glauben, das Gymnasium ist etwas Besonderes, weil sie selber nichts lernen.«

»Von welchen Mädchen sprichst du?«, hat meine Mutter gefragt.

»Ich rede von allen Mädchen«, habe ich gesagt, »weil alle gleich sind. Sie meinen, wenn man eine Brille aufhat, ist man gescheit.«

»Was weißt du von den Mädchen?«, hat meine Mutter gefragt. »Wie kannst du bei deinem Alter solche Reden machen?«

Aber Cora hat ihr die Hand gestreichelt und hat gesagt: »Du musst nicht böse sein, Mamachen, mit Ludwig. Er ist nur ein bisschen strenge mit uns Mädchen.« Dann hat sie zu Ännchen geblinzelt, und dann haben sie furchtbar gelacht.

Und wie ich gute Nacht gesagt habe, da ist die Cora ganz freundlich zu mir gewesen, und sie hat zu mir gesagt, sie muss mir ein Geheimnis sagen. An der Tür hat sie mir ganz still ins Ohr gesagt, ich muss dem Herrn Reiser sagen, er soll sich eine Brille anschaffen, denn sonst kann er keinem Mädchen nicht gefallen.

Ich glaube aber nicht, dass sie es ernst gemeint hat, weil ich auf der Stiege gehört habe, dass Cora und Ännchen gekichert haben. Am andern Tage bin ich wieder zum Gartenzaun hin, und der Franz ist schon dagewesen. Er hat mich gefragt, ob ich meine Aufgabe schon gemacht habe. Ich habe sie noch nicht gemacht gehabt, aber ich habe ja gesagt. Dann hat er mit dem Daumen auf unser Haus gezeigt und hat gefragt, ob man von ihm geredet hat. Ich habe es ihm erzählt, dass ich wegen ihn gestritten habe, und dass Cora gesagt hat, er muss eine Brille kaufen. Da ist er wieder ganz traurig gewesen und hat gesagt, dass sie ihn ausspottet. Ich habe gesagt, er muss darauf pfeifen; ich mag die Cora gut leiden, weil sie lustig ist, aber wenn sie mich spotten will, zeige ich ihr gleich, dass man auf ein Mädchen nicht aufpasst.

Der Franz hat den Kopf geschüttelt und hat gesagt, bei ihm ist es anders, und es ist furchtbar traurig; ich verstehe es noch nicht, aber es ist ein sehr großes Unglück für ihn.

Ich habe gesagt, ich möchte wissen, warum alle so seufzen, wenn sie von der Cora reden.

»Wer alle?«, hat er schnell gefragt.

»In der Apotheke«, habe ich gesagt. »Der Seitz und der andere Provisor fragen mich immer, wenn ich etwas kaufe, und sie sagen, ich soll ihnen dem Fräulein empfehlen, und sie tun, als wenn sie auf der Stelle weinen müssen.«

Der Franz hat auf unser Haus gezeigt und hat gefragt, was sie sagt, wenn ich es ausrichte.

Ich habe gesagt, dass sie lacht.

Ob sie lacht, als wenn es sie freut, hat er gefragt.

Ich habe gesagt, ich weiß es nicht.

Da hat er gesagt, vielleicht freut es sie, weil der Seitz studiert hat; er ist aber ein Salbenreiber, und er hat krumme Beine, und er ist ein dummer Mensch, den man einmal furchtbar hauen muss, weil er sich so viel einbildet.

Ich habe gefragt, ob der Seitz ihm etwas getan hat, weil er so zornig ist auf ihn.

Der Franz hat gesagt, er hat ihm nichts getan, aber er kann ihn nicht leiden, und ich darf keine Grüße nicht mehr ausrichten.

Und dann ist er weggegangen und hat immer mit seinem Stock in die Luft gehauen, dass es gepfiffen hat.

Beim Essen hat mich Ännchen gefragt, ob ich heute besser zufrieden bin, und ob ich nicht mehr so streng bin mit die Mädchen. Ich kümmere mich um keine Mädchen nicht, habe ich gesagt; wenn man sich um die Mädchen kümmert, gibt es bloß Verdruss, und man wird furchtbar traurig.

Meine Mutter hat ihre Gabel hingelegt und hat mich angeschaut, und dann hat sie gesagt, es ist merkwürdig, was ich spreche seit ein paar Tagen.

Und Cora hat gesagt, sie fürchtet, ich werde ein Weiberfeind, weil ich jetzt immer ungnädig bin, und vorher hat sie sich eingebildet, dass ich ein Kavalier bin von ihr.

Ich habe gesagt, die Mädchen bilden sich oft viel ein.

Da haben sie alle gelacht, aber nachher hat meine Mutter gesagt, sie erlaubt es nicht, dass ich gegen Cora ungezogen bin.

»Er ist nicht ungezogen«, hat Cora gesagt; »wir müssen bloß probieren, dass wir seine Gunst wieder kriegen. Er ist der einzige Mann mit drei weibliche Wesen, und das ist wie bei die indischen Fürsten, wo auch die Damen Mühe haben, dass er gnädig ist.«

Ich habe etwas sagen wollen, aber da ist auf einmal vor unserm Haus ein Gesang gewesen. Meine Mutter und Cora und Ännchen sind zum Fenster hingelaufen, und ich habe auch hinuntergeschaut. Es sind vier Männer da gestanden, die haben gesungen. Den Seitz habe ich gleich gekannt und den Lehrer Knilling, und einer ist Postexpeditor gewesen.

Sie haben gesungen: »Ach, wie ist's möglich dann, dass ich dich lassen kann!« Einer hat es zuerst hoch gesungen, und dann hat es einer tief gesungen, und dann hat es einer ganz hoch gesungen und hat seine Stimme zittern lassen. Das ist der Seitz gewesen.

Meine Mutter hat immer gesagt: »Kinder, wie ist das schön!«

Und sie hat Ännchen und der Cora gezeigt, wie der Mond dazu scheint, und sie hat ganz traurig mit dem Kopf genickt, wie der Seitz so zitterig gesungen hat. Und sie hat dem Ännchen einen Kuss gegeben und hat der Cora die Backen gestreichelt, und wie es drunten fertig war, hat sie wieder gesagt, es war wunderschön und es ist eine schmeichelhafte Aufmerksamkeit.

Cora hat gelacht, und sie hat gesagt, sie muss es ihrem Papa schreiben, dass unsere Mutter jetzt noch Ständchen kriegt. Meine Mutter hat auch gelacht und hat gesagt, sie glaubt, dass die Ehre für unsre hindianische Prinzessin gemeint ist. Da haben sie drunten laut geräuspert, und es ist wieder losgegangen. Sie haben gesungen: »Ännchen von Tharau ist, die mir gefällt«, und der Seitz hat seine Stimme nicht mehr so zittern lassen, aber der Knilling. Meine Mutter hat ihren Kopf auf Ännchen ihre Schultern gelegt und hat ein bisschen geweint.

Wie es vorbei gewesen ist, hat der Seitz mit seinem Hut gegrüßt, und die andern haben auch gegrüßt, und sie sind weggegangen. Aber beim Brunnen sind sie stehen geblieben, und sie haben gesungen »Schlahaf wohl«. Zuerst hat einer tief gesungen, und dann ist es immer höher gegangen, und zuletzt hat bloß mehr der Seitz ganz laut mit der Stimme gezittert. Dann ist es still gewesen.

Man hat gehört, wie der Brunnen plätschert, und meine Mutter hat gesagt, wir müssen horchen, wie das Wasser rauscht, und wir müssen schauen, wie der Mond scheint, weil es so poetisch ist.

Cora hat gefragt, wer die Sänger gewesen sind. Da habe ich gesagt, einer ist der Seitz gewesen, mit der Glatze und die Kugelaugen.

Da hat meine Mutter gesagt, sie muss leider schon wieder sehen, dass ich den Anstand verliere, und gewiss sind es vier gebildete junge Leute, denen man eine Freude verdankt. Dann sind wir bald ins Bett gegangen, und meine Mutter hat zu Ännchen gesagt: »Gute Nacht, Ännchen von Tharau!«, und hat sie zweimal geküsst. Wie ich am andern Tag von der Klasse heimgekommen bin, hat mir der Reiser Franz schon gepfiffen. Ich bin gleich in unsern Garten, aber der Franz hat mir gesagt, ich soll lieber durch den Zaun schliefen zu ihm, er muss mir etwas sagen. Ich bin durch den Zaun geschloffen, und wir sind hinter einen Holzhaufen gegangen, wo man uns nicht gesehen hat.

Der Franz hat ganz dicke Augen gehabt, als wenn er geweint hat, und er ist in Hemdärmeln gewesen und hat keinen Kragen angehabt. Er hat sich in das Gras gelegt, und ich habe mich auch hingelegt. Er hat immer Grasbüschel ausgezogen und hat sie weggeschmissen. Auf einmal hat er gefragt, ob ich den Gesang gehört habe. Ich habe gesagt, ich habe ihn schon gehört, weil er bei uns gewesen ist. Er hat gefragt, ob ich den Seitz gekannt habe. Ich habe gesagt, ich habe ihn gleich gekannt. Da hat er gesagt, man muss ihn gleich kennen an die krummen Beine, und ob ihn auch die andern gekannt haben? Ich habe ihn gefragt, welche andern? Er hat mit dem Daumen gedeutet und hat gesagt: »Deine Mutter und deine Schwester.« Ich habe gesagt: »Ja, freilich haben sie ihn gekannt.«

»Und das Fräulein Cora auch?«, hat er gefragt.

»Die Cora auch!«, habe ich gesagt.

Er hat viel Gras ausgerupft und hat es hingeschmissen, und dann hat er gefragt, ob es ihnen vielleicht gefallen hat.

»Meiner Mutter hat es recht gefallen, weil es so poetisch war, wie der Brunnen geplätschert hat«, habe ich gesagt.

»Es ist furchtbar gemein, wenn man die Leute nicht schlafen lässt«, hat der Franz gesagt. »Es ist gar nicht poetisch.« Er ist wieder still gewesen und hat Gras gerupft, und dann hat er gefragt, ob es die Cora auch gelobt hat. Ich habe gesagt, sie hat es nicht gelobt, aber ich glaube, es hat ihr gefallen. Der Franz hat einen Prügel aus dem Holzhaufen gezogen und hat gesagt, mit einem solchen Prügel haut er den Seitz, wenn er noch einmal singt.

Ich habe gelacht, weil ich gedacht habe, wie es ist, wenn der Seitz mit seiner Stimme so zittert, und auf einmal haut ihn der Franz auf den Kopf. Aber der Franz hat nicht gelacht. Er hat sich umgedreht, und er hat sein Gesicht in das Gras gesteckt, und auf einmal hat er furchtbar geweint.

Ich habe mich gar nicht ausgekannt, was es ist, und ich habe ihn gefragt. Aber er hat den Kopf geschüttelt und hat geschluchzt und hat mit dem Prügel auf den Boden gehaut. Und dann hat er sein Gesicht wieder aus dem Gras getan und hat sich mit die Ärmel seine Augen gewischt. Da habe ich ihn noch einmal gefragt. Er hat gesagt, ich verstehe es nicht. Ich habe gesagt, ich verstehe es schon, und ich helfe ihm, wenn vielleicht der Seitz etwas getan hat. Und ich habe ihm gesagt, dass ich ihn gerne mag, und den Seitz mag ich nicht. Da hat er gesagt, vielleicht bin ich der einzige, mit dem er reden kann, und er hat die Cora furchtbar lieb.

Ich habe gesagt, ich habe sie auch lieb, aber warum er deswegen so weint und auf den Boden haut?

Da hat er gesagt, er hat sie ganz anders lieb wie ich, und er möchte, dass sie seine Frau wird.

Ich habe gefragt, warum er nicht hinüber geht und es sagt? Er hat gesagt, es geht nicht.

Ich habe gesagt, es geht schon. Er muss einen schwarzen Rock anziehen und hinübergehen. Zuerst ist meine Mutter allein da. Dann wird die Cora hereingeholt, und er muss den Arm um sie legen, und dann werden Ännchen und ich hereingeholt, und meine Mutter weint ein bisschen, und dann kriegt jedes in der Reihe herum einen Kuss.

Der Franz hat wieder den Kopf geschüttelt.

Da habe ich gesagt, ich weiß es gewiss. Wie der Bindinger unsere Marie gewollt hat, ist es so gewesen.

Aber der Franz hat gesagt, es geht doch nicht, weil er nichts ist und bloß später eine Brauerei kriegt, und er weiß, die Cora mag ihn nicht, er ist ungebildet.

Ich habe gesagt, ich glaube, sie ist froh, wenn er sie mag, weil die Mädchen froh sind, wenn sie gemocht werden.

Er hat gesagt, die Cora nicht. Er merkt es gut, dass er ihr zu wenig ist, weil er nicht studiert hat, und sie schaut ihn gar nicht an. Ich habe gesagt, ich will sie fragen; vielleicht heute beim Essen. Da hat er gerufen, ich darf es nicht tun. Er sagt es ihr selber. Ich habe gefragt, ob er es noch heute sagt. Und er hat gesagt, es dauert nicht mehr lange; vielleicht sagt er es noch heute. Wenn er die Cora allein sieht, dann geht er hin und sagt es ihr. Er kann es nicht mehr aushalten, weil er nicht mehr schlafen kann und nicht mehr essen und trinken kann. Gestern hat er gemeint, er muss aus seinem Fenster springen, wie er den Seitz gehört hat. Er hat gesagt, er hat sich nie getraut, die Cora anzureden, und der ekelhafte Apotheker traut sich gleich zu singen, dass alle Leute es merken. Aber jetzt ist er auch nicht mehr so dumm, und wenn er sie sieht, dann geht er einfach hin und sagt es ihr. Wenn sie den Kerl mit seinen krummen Beinen singen lässt, muss sie ihn auch reden lassen. Und er mag nicht mehr warten.

Ich habe gefragt, warum er sie gerne hat, und er hat sie bloß von weitem gesehen. Er hat gesagt, es ist immer so, aber ich verstehe es nicht.

Wir haben noch miteinander geredet, da hat mich wer gerufen, und der Franz ist ganz erschrocken. Es ist der Cora ihre Stimme gewesen. Wir haben hinter dem Holzhaufen vorgeschaut, da haben wir gesehen, dass die Cora in unserem Garten gestanden ist, und sie hat meinen Namen gerufen. Der Franz hat ganz still gesagt, ich darf keine Antwort geben und ich muss jetzt bei ihm bleiben, sonst merkt sie, dass er auch da ist. Ich habe gesagt, er soll hingehen und soll es ihr sagen, sie ist jetzt allein.

Er hat gesagt, es geht nicht, weil er keinen Kragen nicht anhat, und ich muss ganz still sein, dass sie nichts merkt.

Wir sind auf dem Bauch gelegen und haben bloß mit dem Kopf vorgespitzt. Die Cora hat überall herumgeschaut, und sie hat noch einmal gerufen; dann ist sie zur Gartentür gegangen, und ich habe gewusst, dass sie jetzt hinten herumspazieren geht und bei uns vorbeikommt. Ich habe es dem Franz geschwind gesagt, und da sind wir auf die andere Seite von dem Holzhaufen geschlichen, wie die

Cora gerade am Zaun vorbei ist. Sie hat nichts gesehen, und sie ist lustig gewesen und hat gesungen.

Wie sie vorbei war, ist der Franz aufgestanden, und ich bin auch aufgestanden. Wir haben die Cora noch lange gesehen, weil sie ein weißes Kleid gehabt hat, und wir haben sie auch noch singen gehört. Der Franz ist auf den Holzhaufen gestiegen, dass er sie noch länger sieht. Ich habe ihn gefragt, warum er nicht geschwind einen Kragen geholt hat, dass er ihr nachlaufen kann. Er hat gesagt, es geht heute nicht, aber er sagt es ihr morgen. Ich glaube aber jetzt, er sagt es ihr gar nicht.

Das Waldfest

Am Sonntag ist das Waldfest von der Liedertafel gewesen.

Der Seitz und der Knilling sind herumgelaufen und haben die Einladungen gemacht.

Bei uns sind sie auch gewesen. Meine Mutter hat sie in das schöne Zimmer gelassen, und Ännchen und Cora sind hinein, und ich bin auch hinein.

Der Seitz und der Knilling sind auf das Kanapee gesessen und haben die Zylinder auf ihre Knie gestellt. Der Seitz hat seine Augen herausgehängt, und wenn er geredet hat, hat er den Mund spitzig gemacht, als ob er pfeift.

Der Seitz hat gesagt, er hofft, dass wir das Fest verschönern, und meine Mutter hat gesagt, dass wir es tun.

Der Lehrer Knilling hat gesagt, man glaubt allgemein, es wird eine gelungene Veranstaltung.

Da hat meine Mutter gesagt, man ist es bei der Liedertafel gewohnt, dass es gelungen wird.

Ännchen hat gefragt, ob vielleicht auch getanzt wird. Da hat der Seitz geschaut, als ob er einem armen Kind was schenkt, und hat gesagt, es wird getanzt.

Da ist Ännchen ein bisschen gehupft, dass man ihre Freude sieht, und hat in die Hände gepatscht, und hat gerufen, es wird herrlich.

Meine Mutter hat gelacht und hat gesagt, das Mädchen freut sich so. Dann hat der Knilling gesagt, dass hoffentlich das Wetter schön bleibt, aber man weiß es nicht, bloß der Barometer geht noch hinauf. Dann sind sie fort.

Wie sie draußen waren, hat Ännchen mit der Cora herumgetanzt, und sie haben gelacht.

Die Mädchen tun ganz närrisch, wenn sie sich auf etwas freuen.

Ich kann es nicht leiden, aber ich habe heute nichts gesagt. Ich bin zum Reiser Franz, und ich habe ihm gesagt, dass wir alle zum Waldfest gehen, und ob er auch mitgeht.

Er hat gesagt, er kommt.

Am Sonntag ist es losgegangen. Nach dem Essen hat sich die Liedertafel auf dem Platz aufgestellt. Zuerst ist der Kaufmann Heinrich gekommen, mit der Fahne, und neben ihm ist der Seitz und auf der andern Seite ist der Knilling gegangen. Sie haben Schärpen umgehabt, und sie haben geschwitzt, weil sie furchtbar gelaufen sind, wenn wieder wer gekommen ist.

Sie haben die Leute aufgestellt und sind immer auf und ab, dass man in Reih und Glied geblieben ist, und haben der Musik was angeschafft, und wenn sie vorne gewesen sind, hat hinten wer gerufen, dass sie haben furchtbar laufen müssen, und wenn den Seitz wer gefragt hat, ob es bald losgeht, hat er gezappelt und hat gerufen, er wird noch kaputt. Und der Knilling hat immer geschrien, man muss in Reih und Glied bleiben, bis der Zug aus der Stadt ist, dann darf man auseinandergehen. Wie wir gekommen sind, ist der Seitz zu uns her und hat gesagt, dass meine Mutter fahren darf, und die jungen Damen haben einen schönen Platz bald hinter der Musik, aber er kann leider nicht bei ihnen sein, bis man aus der Stadt ist, weil er neben der Fahne gehen muss.

Ich war zuerst bei ihnen, aber wie der Reiser Franz gekommen ist, bin ich zu ihm. Ich habe gesagt, wir wollen mit Ännchen und Cora marschieren, aber er hat nicht mögen, weil es so weit vorn war.

Da haben wir uns hinten aufgestellt, und ich habe meine Mutter gesehen. Sie ist im Wagen gesessen neben der Frau Notar, und sie hat gelacht. Ich und der Franz sind zu ihr hin, und sie hat gesagt, sie freut sich, dass ich mit dem Herrn Reiser marschiere, und ich soll anständig sein, und es ist so schön, und wo die Mädchen sind. Ich habe gesagt, sie stehen gleich hinter der Musik.

Sie ist aufgestanden und hat hingeschaut und hat ihnen mit dem Sonnenschirm gewunken, und die Cora hat es gesehen und hat gerufen hurra! und hat mit dem Sacktuch gewunken. Meine Mutter war ganz lustig, und sie hat gesagt, es wird ein wunderschönes Fest, und die Herren waren so freundlich zu ihr, und es ist auch so nett, dass der Herr Reiser mit mir geht. Wir sind wieder auf unsern Platz, und der Franz hat zu mir gesagt, dass meine Mutter eine gescheite Frau ist, und sie glaubt nicht, dass bloß die Studierten etwas sind.

Der Onkel Pepi war auch da mit der Tante Elis, und die Tante hat immer nach dem Wagen geschaut, wo meine Mutter gesessen ist, und man hat gesehen, dass sie den Onkel Pepi schimpft, und die Federn auf ihrem Hut haben so gezittert. Sie hat sich geärgert, dass sie nicht auch fahren darf.

Vor uns ist die Tante Theres mit der Rosa gestanden. Jedes Mal, wenn der Seitz vorbeigelaufen ist, haben sie ihm gerufen, aber er hat es nicht gehört, weil es ihm pressiert hat.

Da hat die Tante Theres gesagt, dass es sehr auffallend ist, und wie der Seitz wieder vorbei ist, hat sie gesagt, es ist ungezogen. Die Rosa hat sie gezupft und hat ihr gezeigt, dass ich hinten stehe. Das habe ich gemerkt.

Es ist schon viertel über zwei gewesen, und es hat aber geheißen, dass es Punkt zwei Uhr losgeht.

Die Leute haben gebrummt, und der Sattler Weiß hat laut gerufen, ob man vielleicht auf die Beamten warten muss. Da hat der Onkel Pepi auch gerufen, es ist ordinär. Aber er hat gleich geschnupft und hat getan, als wenn er es nicht war, weil die Leute sich umgedreht haben.

Der Seitz ist ganz rot gewesen und hat immer seine Uhr herausgezogen, und der Knilling hat immer die Achseln gezuckt, dass man sieht, er kann nichts dafür.

Auf einmal ist schnell ein Wagen gekommen. Da war der Bezirksamtmann darin und der Bürgermeister. Der Seitz ist zu ihnen gelaufen, und der Bezirksamtmann hat mit ihm geredet, und dann ist der Knilling hingelaufen, und dann sind sie wieder vorgelaufen zu der Musik. Der Kaufmann Heinrich hat die Fahne aufgehoben, und der Seitz hat kommandiert: vorwärts marsch! Da hat die Musik gespielt, und wir sind marschiert. Viele Leute haben von den Fenstern heruntergeschaut und haben gegrüßt, und vor den Türen sind auch viele Leute gestanden, und der Kaufmann Heinrich hat die Fahne geschwenkt, und wie wir in der langen Gasse waren, hat die Musik furchtbar laut getan, weil sie so eng ist. Beim Landsberger Tor ist die Musik auf die Seite gegangen und hat geblasen, bis wir alle draußen waren, und dann ist der Zug auseinander.

Ich habe zum Franz gesagt, wir wollen vorgehen, dass wir zum Ännchen und zur Cora hinkommen, aber da ist schon der Seitz und der Knilling dagewesen, und der Seitz hat der Cora ihren Mantel getragen.

Wir sind an der Cora vorbei, und sie hat gelacht. Der Franz hat mich gefragt, ob ich es gehört habe.

Ich habe gesagt, ich habe es schon gehört. Da hat er gesagt, vielleicht hat sie ihn ausgelacht.

Ich habe gesagt, die Mädchen lachen überhaupt immer; sie lachen wegen nichts, bloß wenn sie sich anschauen.

Der Franz hat nichts mehr gesagt, und wir sind schnell gegangen, dass wir weit vorgekommen sind. Im Wald war ein Platz hergerichtet mit Tische und Bänke und Fahnen und Lampions.

Der Franz hat gesagt, ich soll dableiben, aber er will noch weiter in den Wald gehen. Ich habe gefragt, warum. Es gibt doch jetzt Bier und Würste, und die Musik kommt gleich.

Er hat gesagt, es ist im Wald viel schöner, wenn es still ist, und er mag lieber die Vögel hören als die dummen Menschen. Er ist über einen Graben gesprungen und war gleich fort.

Ich habe nachlaufen gewollt, aber da habe ich gedacht, dass es Bier gibt und Würste.

Meine Mutter ist mit ihrem Wagen gleich hinter dem Bezirksamtmann gefahren. Sie ist ausgestiegen, und wir haben einen Tisch besetzt und haben immer geschaut, ob die Mädchen kommen, und sie waren auch bald da.

Meine Mutter hat gesagt, sie müssen ihre Mäntel anziehen, weil sie erhitzt sind, und der Seitz hat gesagt, die Temperatur im Wald ist kühl, und er hat der Cora helfen wollen. Aber sie hat nicht mögen, und wir haben uns hingesetzt.

Dann ist der Onkel Pepi gekommen, und meine Mutter hat gesagt, er soll sich mit der Tante Elis zu uns setzen.

Die Tante Elis hat gesagt, sie stört vielleicht. Aber sie hat sich doch hingesetzt, und dann ist noch die Tante Theres mit der Rosa gekommen. Der Seitz und der Knilling und ich haben Bier geholt und Würste und Butter und Käs.

Wir haben gegessen und getrunken; bloß die Tante hat nichts mögen. Sie hat die Wurst zurückgeschoben, und dann hat ihr der Onkel Pepi einen Käs hingestellt, und sie hat den Käs weggestoßen und hat gesagt, sie ist erschöpft. Meine Mutter hat gefragt, von was sie erschöpft ist. Da haben der Tante Elis ihre Federn gezittert, und sie hat gesagt, von dem weiten Weg.

Meine Mutter hat gefragt, von dem weiten Weg? Die Tante hat gesagt, ja, von dem weiten Weg, aber wenn man im Wagen sitzt, merkt man es nicht, dass der Weg weit ist.

Der Knilling hat gesagt, es ist schade, dass sie bloß einen Wagen gekriegt haben, sonst hätte die Tante auch fahren dürfen. Die Tante hat den Kopf zu ihm hingedreht und hat ganz langsam gefragt, wer hat dürfen?

»Sie!«, hat der Knilling gesagt.

Da hat die Tante gefragt, ob er glaubt, dass sie eine Gnade haben will, oder ob er glaubt, dass sie eine Barmherzigkeit mag, oder ob er nicht glaubt, dass sie lieber geht.

Da hat der Knilling nichts mehr gewusst, aber der Onkel Pepi hat gesagt, man muss nicht glauben, dass die Tante furchtbar erschöpft ist, und sie wird gleich gesund.

Da hat ihn die Tante angeschaut, als wenn sie ihn nicht kennt, und sie hat ihre Augen ganz furchtbar gemacht. Der Onkel hat seinen Krug genommen, dass er sie nicht mehr sieht, und er hat lang getrunken.

Aber die Tante hat nicht weggeschaut, und da hat der Onkel Pepi den Knilling gefragt, wie viele Lampions aufgehängt sind, und er hat sich umgedreht und hat sie gezählt.

Aber wie er fertig war, hat die Tante immer noch geschaut.

Der Seitz ist neben mir gesessen, und auf der andern Seite ist Ännchen gesessen und die Cora, und neben der Cora ist meine Mutter gesessen.

Der Seitz hat gesagt, dass ein Wald so poetisch ist, und ob es die Cora merkt.

Sie hat gelacht und gesagt, warum er glaubt, dass bloss er es merkt. Er meint es nicht so, hat er gesagt, sondern weil sie von Indien ist. – Sie hat gesagt, ob er glaubt, dass man in Indien nicht poetisch ist. Der Seitz hat seine Augen hinaushängen lassen und hat gesagt, er glaubt, dass Indien noch poetischer ist wie Deutschland.

Die Cora hat gefragt, wie er glaubt, dass es in Indien ist.

Der Seitz hat gesagt, es ist in Indien prachtvoller und die Blumen sind viel größer, und man liegt unten in einer Hängematte, und oben fliegen die Papageie. Die Cora hat gelacht, und sie hat gesagt, das ist wahr, und der Herr Apotheker kennt es gut, aber es gibt noch mehr in Indien.

Zum Beispiel die Lotosblumen, wenn der Mond darauf scheint, und die Palmen, die so hin und her schaukeln, und die gefleckten Tiger, die bei der Nacht brüllen.

Der Seitz hat gesagt, man muss eine glühende Phantasie haben, dass man sich Indien vorstellt; er glaubt, es ist ein Zauberland.

Da hat die Tante Theres gesagt, sie hat gehört, dass der Pfeffer dort wächst, und es kann doch gar nicht so schön sein, weil man zu schlechte Leute sagt, sie sollen hingehen, wo der Pfeffer wächst.

Auf einmal hat die Trompete ein Zeichen gegeben, und der Seitz ist geschwind aufgestanden, und der Knilling auch. Sie haben gesagt, es kommt jetzt ein Gesang.

Der Onkel Pepi ist auch aufgestanden, aber er ist nicht zum Singen gegangen, sondern er hat sich ein Bier geholt, und wie er gekommen ist, hat die Tante Elis gesagt, es ist schon die dritte. Der Onkel hat sich weiter hinunter gesetzt, dass er nicht so nah bei ihr ist. Da hat die Liedertafel angefangen. Der Knilling ist in der Mitte gestanden und hat die Arme links und rechts getan und hinauf und hinunter getan.

Wenn sie haben still singen müssen, hat er mit die Hände so gemacht, als wenn er einen Schwamm ausdrückt, und wenn es hat laut tun müssen, ist er mit die Fäuste in die Luft gefahren. Rechts vom Knilling ist der Seitz gewesen und die anderen, die hoch gesungen haben. Sie haben laut geschrien und haben den Mund weit aufgerissen, aber die links vom Knilling waren, haben tief gesungen und haben beim Singen immer den Hals in den Kragen gesteckt und haben den Mund nicht so weit aufgerissen, sondern haben ihn rund gemacht.

Sie haben gesungen, wer den schönen Wald gebaut hat, und wie es fertig war, haben alle Leute gepatscht, und da haben sie etwas Lustiges gesungen, wo es immer geheißen hat, Mädle ruck, ruck, ruck!

Der Seitz hat immer mit dem Kopf gewackelt, wenn er ruck, ruck, ruck geschrien hat, und hat auf unsern Tisch geschaut.

Ännchen hat die Cora angestoßen, und die Cora hat Ännchen angestoßen, und auf einmal hat die Cora lachen müssen und hat ihr Sacktuch in den Mund gesteckt, und Ännchen hat getrunken, aber sie hat sich verschluckt und hat wieder alles ausgespuckt, weil sie gelacht hat. Meine Mutter hat gesagt, aber Ännchen, und die Tante Theres hat gesagt, das ist stark.

Sie hat getan, als wenn sie bei einem Verbrechen dabei

ist, und die Rosa hat sich für unser Ännchen geschämt, und hat die Augen gar nicht mehr aufgemacht. Die Cora hat wieder ganz ernst geschaut, und Ännchen auch, und sie waren rot. Da hat aber der Seitz wieder geschrien ruck, ruck, ruck und hat wieder mit dem Kopf gewackelt, und da hat Ännchen sich unter den Tisch gebückt, und Cora auch, und sie haben ganz gezittert, dass man gemerkt hat, wie sie lachen.

Meine Mutter hat gefragt, Kindchen, was ist das nur? Aber jetzt ist der Gesang aus gewesen, und der Knilling und der Seitz sind wiedergekommen. Meine Mutter hat gesagt, das war schön, und der Onkel Pepi hat geschrien bravo.

Aber er ist gleich still gewesen, weil ihn die Tante mit dem Auge getroffen hat.

Ich habe auf einmal den Reiser Franz gesehen; er ist oben im Wald gestanden und hat hergeschaut. Ich bin zu ihm gegangen und habe gesagt, er soll bei uns sitzen. Zuerst hat er nicht wollen, aber er ist doch mit, und meine Mutter hat freundlich gelacht und hat gefragt, wo er gewesen ist.

Er hat gesagt, er ist im Wald gewesen. Da habe ich gesagt, der Franz mag es viel lieber, wenn ein Vogel singt, als wenn die dummen Menschen reden. Woher hast du solche Redensarten? hat meine Mutter gefragt.

Ich habe gesagt, ich weiß es, dass er lieber einen Vogel hört. Der Franz ist rot geworden, weil die Cora so gelacht hat, und er hat sich ganz an das Eck hingesetzt neben mich.

Ich habe zu Cora gesagt, ob sie nicht sieht, wie stark der Franz ist, und er kann jeden Bräuburschen hinschmeißen. Der Franz hat mich mit dem Fuß angestoßen, aber ich habe nicht aufgehört, und ich habe gesagt, der Franz kann auch furchtbar gut springen, und wenn er will, kann er einen furchtbar hauen.

Die Cora hat gelacht, und der Franz hat mich auf den Fuß getreten, und er ist immer mit seiner Hand durch die Haare gefahren.

Ich glaube, es ist ihm nicht recht gewesen. Die Trompete hat wieder ein Zeichen gemacht, dass die Liedertafel singt, und der Knilling und der Seitz sind weg.

Der Franz ist auch weg, weil er ein Bier geholt hat. Er hat aber zwei gebracht, und da hat die Tante Theres gleich gefragt, ob er so viel braucht, weil er Bierbrauer ist.

Sie kann ihn nicht leiden, und sie hat es mit Fleiß getan.

Alle haben den Franz angeschaut, und er ist ganz rot gewesen, aber wie sie weggeschaut haben, hat der Onkel einen Krug ganz heimlich genommen. Da habe ich es gesagt, dass eins für den Onkel gehört hat, und der Onkel hat mich unter dem Tisch gestoßen, aber ich habe es noch einmal gesagt. Die Tante Elis hat hinten herumgeschaut und hat gerufen Josef!

Der Onkel hat gefragt, was?

Sie hat gesagt, er soll nicht fragen, es ist die vierte.

Da hat er gebrummt, er weiß es schon, und er braucht keine Bieruhr nicht. Sie hat es probiert, ob sie ihn nicht anschauen kann, aber er hat sich hinter dem Franz versteckt, und da hat sie wieder gerufen: Josef, und er hat gesagt ja. Da hat sie gefragt, ob er meint, dass sie eine Bieruhr ist.

Er hat gesagt, er meint es nicht. Aber sie hat ganz laut geredet und hat gesagt, sie ist keine Bieruhr nicht, und vielleicht muss man nicht so viel trinken. Der Onkel hat nichts gesagt, aber meine Mutter hat Pst gemacht, weil die Liedertafel anfangt. Da hat die Tante Elis noch gesagt, sie will ihn daheim fragen, ob sie eine Bieruhr ist, und dann ist sie still gewesen, und die Liedertafel hat gesungen. Wie sie fertig gewesen sind, hat Ännchen den Knilling gefragt, ob man nicht bald tanzt.

Der Knilling hat gesagt, sie muss den Seitz bitten, und Ännchen hat die Hände aufgehoben und hat gesagt bitte, bitte, und die Rosa hat es auch getan, und die Cora hat gesagt, o ja, er soll tanzen lassen.

Der Seitz hat ein Gesicht gemacht, als wenn er es überlegen muss, und dann hat er gesagt, er lasst sie tanzen.

Er hat die Cora fortgeführt, und der Knilling ist mit Ännchen gegangen, und an allen Tischen sind die Leute aufgestanden. Es ist ein Bretterboden dagewesen, und da haben sie getanzt.

Ich habe Obacht gegeben, wie sie es machen, aber alle machen es anders. Der Seitz ist furchtbar gehüpft, und dann ist er stehen geblieben und hat das Wasser von seiner Glatze getan, und dann ist er wieder gehüpft, bis sie wieder nass war.

Viele haben die Mädchen weit weg gehalten, aber viele haben sie auch nah dabei gehabt, und viele haben sich schnell gedreht, aber der Sattler Weiß hat sich langsam gedreht, als wenn er auf einer Spieldose steht.

Meine Mutter ist neben mir gewesen, und sie hat Obacht gegeben, ob unser Ännchen nicht kommt, und wenn sie mit dem Knilling vorbeigetanzt ist, hat ihr meine Mutter gewunken.

Ich habe geschaut, wo der Franz ist. Er ist aber am Tisch gesessen neben dem Onkel Pepi, und er hat nicht hergeschaut.

Da hat die Musik aufgehört, und die Mädchen haben sich bei die Herren eingehängt und sind zu ihre Tische.

Bei uns ist auf einmal der Assessor Bogner gewesen und der Amtsrichter Reinhardt. Der Seitz hat sie hingeführt, und er hat gesagt, er stellt ihnen hierdurch die Nichte der Frau Thoma vor, sie ist aus Bombay in Indien und auf Besuch.

Er hat getan, als wenn er in einer Menascherie ist und etwas erklärt, und er ist ganz stolz gewesen.

Die Cora hat gelacht und hat freundlich mit dem Kopf genickt, aber der Bogner hat sich gebückt, als wenn er auf den Tisch fallen muss, und hat gesagt, es ist sehr angenehm.

Der Reinhardt ist ein Offizier. Wenn dem Prinzregenten sein Geburtstag ist, geht er mit die Uniform auf dem Stadtplatz auf und ab, und er lasst seinen Säbel hängen, dass er auf die Steine scheppert.

Ich und der Franz mögen ihn nicht, weil er ein rundes Glas in ein Auge steckt und so dumm schaut.

Der Franz sagt, er ist ekelhaft, und ich habe beim Schreiner Werkmeister hinter dem Zaun mit einem Apfel auf ihn geschmissen, wie er in den Laden vom Buchbinder Stettner hineingeschaut hat. Er ist geplatzt, weil er schon ganz faul gewesen ist, und er ist auf dem Fenster auseinandergespritzt.

Der Reinhardt hat mich nicht gesehen, aber ich glaube, er weiß es, und er steckt immer sein Glas in das Auge, wenn er mich wo sieht. Aber wenn er lacht, fallt es heraus.

Er hat jetzt seinen Schnurrbart genommen und hat ein Kompliment gemacht und hat mit die Stiefelabsätze einen Spektakel gemacht, weil er sie immer aneinander gehaut hat.

Der Bogner hat sich hingesetzt, und der Reinhardt auch, und der Bogner hat gehustet und hat gesagt, also das Fräulein sind aus Indien. Die Cora hat nichts sagen gekonnt, weil der Seitz alles erklärt hat, sie ist aus Indien und die Tochter eines Plantaschenbesitzers, und sie ist nach Europa, dass sie ihre Verwandten kennen lernt.

Da hat der Bogner gefragt, wie es dem Fräulein in Deutschland gefallt, und der Seitz hat gesagt, es gefallt ihr gut und sie gewöhnt sich daran.

Der Reinhardt hat das Glas in sein Auge getan und hat gesagt, wenn man in große Verhältnisse gewesen ist, muss man sich über eine kleine Stadt wundern. Die Cora hat gesagt, sie findet es ganz schön hier.

Der Reinhardt hat gesagt, ja, aber er weiß es selber, dass es einen wundert.

Da hat der Bogner wieder geredet und hat gesagt, dass das gnädige Fräulein so braun ist.

Und der Seitz hat es erklärt, dass es von ihrer Mutter kommt, und sie ist eine Eingeborene gewesen.

Der Bogner hat gesagt, es ist interessant, und der Reinhardt hat gesagt, ein Kamerad war bei die indische Armee und hat ihm alles erzählt von die Eingeborenen.

Sie haben immer weiter geredet mit der Cora, und der Bogner hat immer ein Kompliment gemacht, wenn er was gesagt hat, und der Reinhardt hat sein Glas hinein- und hinausgetan, und die Cora hat gelacht, und der Seitz ist ganz stolz gewesen, dass er sie herzeigen darf.

Ich und der Franz sind ganz weit drunten gesessen und haben hinaufgeschaut, aber der Franz hat nichts geredet.

Die Tante Theres hat still mit der Rosa gepispert, und bei der Tante Elis haben die Federn gezittert, und sie hat die

Arme übereinander getan und hat furchtbar Obacht gegeben.

Aber der Onkel Pepi ist bei uns herunten gewesen, und er hat immer seinen Krug mit dem Franz seinen Krug vertauscht und er war schon ganz lustig. Da hat die Musik eine Fransäß gespielt, und der Reinhardt hat die Cora genommen, und er hat zum Bogner gesagt, ob er ein Wisawi macht.

Der Bogner hat gesagt, er kann nicht tanzen, aber der Seitz hat unser Ännchen genommen und hat gesagt, er macht das Wisawi.

Und wie er hingegangen ist, da hat er sich furchtbar gescheit gemacht und hat mit sein Taschentuch gewunken und hat Spektakel gemacht und hat gerufen, man muss sich aufstellen, und man muss Wisawi machen. Der Bogner ist bei unserm Tisch geblieben, und er hat zu der Cora ein Kompliment gemacht, wie sie weg ist, und er hat ihr nachgeschaut, und dann hat er gesagt, sie ist eine merkwürdige Erscheinung.

Die Tante Elis hat ihren Mund langsam aufgemacht und hat gesagt, sie ist sehr merkwürdig. Und sie hat zu der Tante Theres hingeschaut, und die Tante Theres hat zu ihr hingeschaut.

Aber auf dem Bretterboden ist die Fransäß losgegangen, und ich habe zugeschaut. Von einer Seite ist ein Mädchen gegangen, und von der andern Seite ist ein Herr gegangen, und sie haben ein Kompliment gemacht. Der Seitz ist auf die Fußspitzen gegangen, und er hat gelacht, wie in seiner Apotheke, wenn er einer Magd Bongbong schenkt, aber der Reinhardt hat die Arme gebogen und ist marschiert wie ein Soldat und hat die Absätze aufeinandergehaut.

Der Seitz hat immer kommandiert, dass ihn alles anschaut, und er ist durch die Reihe gelaufen und hat gezählt, eins, zwei, eins, zwei.

Wenn er nicht hat tanzen müssen, ist er zum Reinhardt gehüpft und hat ihm etwas ins Ohr gesagt, und hat gelacht, ha, ha, als wenn er lustig ist.

Wie es fertig war, sind sie wieder auf unsern Tisch, und der Reinhardt hat gesagt, es ist schade, dass es nicht Winter ist, sonst ladet er die Cora zu einem Offizierball ein. Der Seitz hat gesagt, vielleicht ist die Cora noch da, und sie muss einen Offizierball sehen, und sie muss auch auf einen Studentenball. Es ist ganz anders wie heute, und es ist vornehm. Da hat der Reinhardt gesagt, es ist heute ein bisschen gemischt, und er hat sein Glas in das Auge gesteckt und hat herumgeschaut in dem ganzen Garten.

Der Seitz hat einen Seufzer gemacht und hat gesagt, leider es ist gemischt, aber man kann es nicht ändern bei die Liedertafel, weil so viele ungebildete Elemente dabei sind. Da hat die Cora gesagt, es ist sehr nett, und sie hat nichts gemerkt von unanständige Leute.

Der Seitz hat gesagt, er meint nicht unanständig, aber es sind so viele Menschen da, die keine Bildung nicht haben, und man fühlt sich bloß recht wohl bei die Leute, die eine Bildung haben. Auf einmal hat der Franz geredet, und er ist zuerst immer durch seine Haare gefahren, und er hat gesagt, es gibt viele Leute, die glauben, sie haben eine Bildung, aber sie haben keine, und es gibt viele Leute, wo man glaubt, sie haben keine, und sie haben eine.

Alle haben den Kopf nach ihm hingedreht, und der Seitz hat geschaut, als wenn er einen Feldstecher braucht, dass er ihn sieht, weil er so weit drunten ist.

Und er hat den Reinhardt angeschaut, und er hat ein bisschen gelacht und hat gesagt, entschuldigen Sie, ich habe Ihnen nicht verstanden. Der Franz ist ganz rot geworden, weil alle Obacht gegeben haben, und er hat gesagt, Sie haben gesagt, dass man hier bei Leute ist, die keine Bildung nicht haben.

Ich glaube, der Seitz traut sich gar nichts, aber er hat sich getraut, weil der Reinhardt bei ihm war, und er hat mit die Finger auf den Tisch getrommelt, und er hat gesagt, ob es vielleicht nicht wahr ist, dass Leute da sind, die keine akademische Bildung nicht haben.

Da hat der Franz gesagt, es ist wahr, aber ob sie vielleicht schlechter sind, und ob man sagen darf, dass sie schlechter sind.

Der Franz hat laut geredet, aber der Seitz hat geredet, als wenn unser Rektor mit dem Pedell redet.

Er hat gesagt, entschuldichen Sie, aber er streitet nicht über so einen Gegenstand, und er streitet nicht vor Damen, und er streitet nicht bei einem Fest.

Und er hat ihm angeschaut, als wenn er zum Fenster herunterschaut, und der Franz steht unten und hat hinaufgeredet. Und dann hat er weggeschaut. Da hat meine Mutter zum Franz gesagt, der Herr Apotheker meint es nicht so, und er hat ihn nicht beleidigt, und er hat Achtung vor einen jeden Stand, bloß wenn man anständig ist, und der Franz muss nicht beleidigt sein.

Der Franz ist aufgestanden, und er hat gesagt, er weiß schon, dass es meine Mutter gut meint, und sie muss entschuldigen. Und dann ist er weggegangen.

Der Reinhardt hat gefragt, wer dieser junge Mensch ist, und was der junge Mensch will.

Da hat der Seitz mit die Achseln gezuckt und hat gesagt, er ist ein Bräubursche.

Ich habe gesagt, es ist nicht wahr, er ist kein Bräubursche nicht, aber er kann alle Bräuburschen hinschmeißen. Meine Mutter hat gesagt, ich darf nicht hineinreden, und ich darf nicht immer vom Hinschmeißen reden, aber es ist wahr, der Franz ist kein Bräubursche nicht, er ist ein Praktikant und lernt das Bier machen. Der Seitz hat gesagt, er soll auch die Höflichkeiten lernen, und dass man nicht streitet vor die Damen. Da hat die Cora gesagt, sie glaubt, er ist ganz höflich, aber er hat gemeint, der Herr Seitz will ihm beleidigen. Meine Mutter hat freundlich auf sie gelacht, und sie hat gesagt, die Cora hat recht, und es ist ein Missverständnis, und wenn man es dem Herrn Reiser sagt, ist es wieder gut. Da hat die Musik gespielt, und der Knilling ist mit der Cora fort, und der Reinhardt ist mit unserem Ännchen fort.

Die Tante Theres hat den Seitz angeschaut, ob er nicht einmal mit der Rosa geht, aber er ist sitzen geblieben, und da ist der Bader Fischer gekommen und hat die Rosa geholt.

Der Seitz hat den Bogner gefragt, ob er gehört hat, dass er wen beleidigt hat.

Der Bogner hat gesagt, er hat keine Beleidigung nicht gehört, aber diese Leute sind so empfindlich, wenn man von die akademische Bildung redet. Es ist auch keine Schmeichelei nicht, hat die Tante Theres gesagt. Meine Mutter hat zu ihr geschaut und hat die Augen gezwinkert.

Aber die Tante Theres hat so stark gestrickt, dass es mit die Nadeln geklappert hat, und sie hat es noch einmal gesagt, es ist keine Schmeichelei nicht, dass man sagt, dass es nicht anständig ist, wenn man nicht bei der Akademie war.

Der Seitz hat reden gewollt, aber da ist auf einmal ein

furchtbarer Spektakel angefangen. Der Onkel Pepi hat mit seine Schnupftabakdose auf den Tisch gehaut und hat geschrien, man muss es ihm sagen, ob er anständig ist.

Die Tante Elis hat gerufen Josef, meine Mutter hat ihm auch gerufen, und der Bogner hat gesagt: »Aber Herr Expeditor.«

Der Onkel hat nicht aufgepasst, und er hat geschrien, man muss es sagen, ob er anständig ist, und er war bei keiner Akademie nicht, und man muss es sagen, ob die Postexpeditor anständig sind.

Und er hat jedes Mal auf den Tisch gehaut, wenn er was gesagt hat.

Der Seitz hat gesagt, dass die Postexpeditor anständig sind.

Der Onkel hat aber noch lauter geschrien, man muss ein Schreiben aufsetzen, weil es sonst niemand glaubt, dass die Expeditor anständig sind und keine Akademie nicht brauchen.

Die Tante Elis hat gesagt, sie schreibt es ihm morgen auf.

Da hat der Onkel auf einmal gemerkt, dass der Franz nicht mehr da ist, wo er sich verstecken kann, und er hat der Tante ihr Auge gesehen, und er hat seinen Hut tief hineingesetzt, bis er ganz blind war, und er ist auf einmal still gewesen.

Meine Mutter hat zu mir gesagt, ich muss nicht immer dasitzen, sondern ich muss ein bisschen herumgehen.

Ich habe schon gemerkt, dass sie mich fortschickt wegen dem Onkel seinen Spektakel, aber ich bin gerne fort, weil ich gedacht habe, ob ich vielleicht zum Franz komme.

Ich bin hinter der Bierhütte hinauf, und da habe ich ihn gesehen.

Er ist auf einem Stock gesessen, und er hat gesagt, bist du da?

Ich habe gesagt, ja. Da hat er gefragt, ob sie recht zornig sind auf ihm, weil er gestritten hat.

Ich habe gesagt, dass meine Mutter ihm geholfen hat.

Er hat ein bisschen gelacht und hat gesagt, ja, deine Mutter.

Da habe ich gesagt, dass die Cora auch gesagt hat, er ist ganz höflich. Er hat gesagt, so so.

Und dann hat er gesagt, es ist wahr, er ist vielleicht höflich; ein Bauernknecht ist höflich, und ein Fuhrmann ist höflich, und die vornehmen Leute sind zufrieden, wenn man bloß höflich ist. Aber er ist nicht gebildet, und er ist nicht anständig, und man lasst es ihm so stark merken. Ich habe gesagt, man muss den Seitz hauen, dann ist es besser. Er hat gesagt, er meint nicht der Seitz, aber die Cora redet mit ihm anders, als wie mit die Gebildeten. Sie redet mit ihm ganz gut, aber es ist so, als wenn man im Wagen sitzt und redet mit dem Kutscher. Gerade so freundlich ist es.

Ich habe nichts gesagt, aber ich habe mich gewundert, was er für lange Reden macht, und früher hat er gar keine langen Reden gemacht.

Auf einmal hat er gefragt, ob es schwer ist, dass man das Lateinische und Griechische lernt.

Ich habe gesagt, wenn es einen freut, ist es vielleicht nicht schwer, aber ich glaube nicht, dass es einen freut.

Da hat er gefragt, wie lange es dauert, bis man es am schnellsten lernt.

Ich habe gesagt, in unserem Lesebuche steht eine Geschichte von einem Bauernknecht. Er hat Tag und Nacht gelernt, und er ist in drei Jahren fertig geworden.

Der Franz hat gesagt, vielleicht ist er recht gescheit gewesen.

Ich habe gesagt, ich weiß es nicht. Im Lesebuch steht, dass ein Professor in das Dorf gekommen ist, und er hat gleich gesehen, dass in dem Bauernknecht ein Geist ist. Aber die Professor kennen nichts; man kann sie furchtbar leicht anlügen. Vielleicht hat ihn der Bauernknecht auch angelogen.

Steht in dem Buch, dass er die ganze Nacht gelernt hat? hat der Franz gefragt.

Ich habe gesagt ja; ich weiß es auswendig, wie es heißt. Bei dem trüben Schein von der Stalllaterne lernte er mit fieberhaftem Fleiße. Da hat der Franz gesagt, er hat es gewiss wegen ein Mädchen getan. Ich habe gesagt, ich weiß es nicht. Im Lesebuch steht es nicht. Es heißt bloß, er ist ein Erzbischof geworden.

Da hat der Franz gesagt, dann ist es nicht wegen ein Mädchen gewesen. Und er hat einen Seufzer gemacht und hat gesagt, es geht nicht. Wenn ein Erzbischof drei Jahre braucht, dauert es bei ihm viel länger, weil er keinen so guten Kopf nicht hat. Und bis er anfangt, fahrt die Cora vielleicht schon heim.

Ich habe gesagt, er soll froh sein, dass er nicht muss. Wenn man es nicht kennt, meint man vielleicht, es ist schön. Aber wenn man es kennt, ist es ekelhaft.

Der Franz hat den Kopf geschüttelt. Ich habe gesagt, ob er glaubt, dass vielleicht der Seitz das Lateinische kann.

Er hat gesagt, er braucht es nicht, aber er ist dabei gewesen. Die Hauptsache ist, dass einer dabei gewesen ist. Die Mädchen fragen nicht, ob einer was kann, sie fragen bloß, ob einer dabei war.

Ich habe gesagt, er soll wieder mitgehen auf unsern Tisch.

Aber er hat nicht gewollt. Er hat gesagt, es geht nicht; wenn er kommt, schaut ihn der Reinhardt durch das Glas an, und die Mädchen sind mitleidig, und sie behandeln ihn wie den Mann, der krank gewesen ist, und sie denken, man muss ihn schonen, weil er nicht dabei war, und vielleicht ist der schiefbeinige Salbenreiber ganz voller Erbarmung mit ihm und gibt ihm eine sanfte Rede ein, dass man sieht, wie er großmütig ist. Aber er mag nicht zuschauen, wie der Seitz herumgeht wie der Gockel auf dem Mist, und er mag nicht hören, wie er dem dummen Assessor die Cora erklärt, als wenn sie ein fremder Vogel ist, und er hat sie in seinem Käfig.

Er hat gesagt, er geht lieber heim, und er hat mir die Hand gegeben und ist fort.

Ich bin ganz traurig gewesen; da hat er mir gepfiffen und ist wieder hergekommen, und er hat gesagt, ich muss ihm das Buch leihen, weil er es lesen will, wie der Bauernknecht studiert hat.

Ich habe gesagt, ich bringe es ihm morgen an den Gartenzaun.

Und dann ist er ganz fort.

Ich habe zuerst lange das Tanzen zugeschaut. Es ist schon dunkel gewesen, wie ich auf unsern Tisch gekommen bin, und der Seitz hat die Lampions angezündet.

Meine Mutter hat gefragt, ob ich den Franz gesehen habe.

Ich habe gesagt ja.

Da hat die Cora gefragt, wo er ist.

Ich habe gesagt, er ist heim.

Meine Mutter hat gesagt, es ist schade, man muss ihm

sagen, dass er nicht beleidigt worden ist, denn man muss niemand weh tun.

Da ist auf einmal ein Spetakel gewesen. Der Onkel Pepi hat furchtbar geweint, dass ihm die Tränen gekugelt sind, und er hat geschluchzt, dass die Leute überall geschaut haben.

Die Cora und Ännchen sind aufgesprungen, und meine Mutter ist aufgestanden, und sie hat gesagt, um Gottes willen, was der Onkel hat.

Bloß die Tante Elis ist ganz ruhig gewesen, und sie hat langsam gesagt, er ist betrunken.

Da hat der Onkel noch viel lauter geweint.

Der Bogner ist vom andern Tisch gekommen, und der Sattler Weiß ist gekommen und seine Frau, und der Weiß hat gesagt, was ist, was ist?

Nichts, hat die Tante Elis gesagt, er ist betrunken.

Aber der Onkel hat geschluchzt und hat gesagt, man hat ihm weh getan, und er ist anständig, und man muss es aufschreiben, dass ein Postexpeditor auch anständig ist.

Da hat der Weiß gelacht, und die andern haben auch gelacht, und die Tante Elis hat gesagt, der Onkel muss heim.

Der Onkel hat mit seinem Sacktuch die Tränen aufgewischt, und er hat gesagt, er mag nicht, und man muss es zuerst aufschreiben.

Der Knilling ist zu der Tante hin und hat gesagt, wir gehen gleich alle mit die Lampions heim, und da geht der Onkel schon mit.

Die Musik hat ein Zeichen gemacht, und die Leute haben sich aufgestellt. Meine Mutter hat wieder fahren dürfen, und der Seitz hat gesagt, es ist noch Platz da, vielleicht fahrt die Tante Elis, oder man ladet den Onkel auf.

Die Tante Elis hat gesagt, sie fahrt, und der Betrunkene muss gehen, dass er vielleicht nüchtern wird.

Die Musik hat gespielt, und wir sind marschiert, und wir haben alle Lampions gehabt.

Vor mir ist die Cora gegangen mit Ännchen, und der Seitz und der Reinhardt waren bei ihnen.

Ich war neben dem Onkel Pepi. Der Sattler Weiß hat ihn gehalten, und er hat immer die Beine durcheinander getan, und er hat gesagt, wenn er tot ist, muss man auf den Grabstein eine Schrift machen, dass er Expeditor, aber anständig gewesen ist.

Der Sattler Weiß hat gesagt, ja, es wird auf seinen Grabstein hingeschrieben.

Der Onkel hat gesagt, der Weiß muss es versprechen.

Der Weiß hat gesagt, er verspricht es. Da hat der Onkel wieder geweint und hat gesagt, dass alle Leute es lesen müssen, und dass man es erfahrt, wenn er tot ist, und vielleicht fragt ihn der liebe Gott auch, ob er bei der Akademie war. Aber auf einmal hat er einen Hätscher gehabt und hat bloß still geweint.

Beim Tor hat die Musik aufgehört, und wir sind aber noch marschiert bis zum Stadtplatz, und da sind wir auseinandergegangen. Ich bin mit Ännchen und Cora, und der Seitz und der Reinhardt hat uns begleitet.

Bei unserm Haus hat meine Mutter gewartet, und sie hat zum Seitz gesagt, dass es ein gelungenes Fest war, und wir bedanken uns. Der Seitz hat gesagt, er hofft, dass die Damen zufrieden sind mit das Gebotene, und er hat meiner Mutter die Hand gegeben und Ännchen, und dann hat er seine Augen hinausgehängt und hat der Cora gute Nacht gesagt. Und der Reinhardt hat immer seine Absätze aufeinandergehaut.

Dann sind wir in unser Haus.

Ich habe beim Fenster hinausgeschaut; da sind sie drunten erst weggegangen, und man hat den Reinhardt gehört, wie er gesagt hat, sie ist eine famose Erscheinung.

Aber beim Buchbinder Stettner ist unter dem Haustor jemand gestanden und ist jetzt auch langsam fortgegangen.

Ich glaube, es ist der Franz gewesen.

Coras Abreise

Wie die Vakanz gar gewesen ist, da hat meine Mutter gesagt, das gute Kind muss uns leider verlassen, und sie hat die Cora gemeint. Die Engländerin, die mit ihr hergefahren ist, hat geschrieben, dass sie wieder hinfahrt, und da muss die Cora mit.

Es sind bloß mehr acht Tage gewesen, und es ist traurig gewesen. Schon in der Frühe ist es traurig gewesen, wenn wir Kaffee getrunken haben. Wenn die Cora bei der Türe hereingekommen ist, da ist unser Ännchen hingelaufen und hat sie geküsst und hat sich eingehängt, und meine Mutter hat einen Seufzer gemacht und hat gesagt, in Gottes Namen, es sind bloß mehr acht Tage. Und dann hat ihr Ännchen den Kaffee eingeschenkt, und wie die Cora gesagt hat, er ist ein bisschen schwarz, hat Ännchen furchtbar geweint und hat gesagt, sie hat es nicht mit Fleiß getan, und die Cora darf ihr nicht bös sein. Und meine Mutter hat ihr den Zucker hineingetan und hat zwei zu viel genommen und hat gefragt, ob er süß genug ist, und sie hat noch einen hineingetan.

Und Ännchen hat Butterbrot gestrichen, und meine Mutter hat Honig darauf gepappt, und sie haben alles der Cora hingelegt, und sie haben selber gar nichts gegessen.

Aber sie haben bloß immer mit dem Löffel in ihre Tassen herumgerührt, und meine Mutter hat gesagt, ach Gott, in acht Tage schwimmt das Kindchen schon bald auf dem Meere.

Die Cora hat gesagt, sie muss nicht glauben, dass es gefährlich ist, aber meine Mutter hat gesagt, es ist schon gefährlich. Sie ist einmal auf dem See gefahren, wo das Schiff stark geschaukelt hat, dass sie sich gefürchtet hat, und es war doch unser Papa dabei.

Die Cora hat gesagt, ihr Schiff ist viel größer; es ist dreimal so groß wie unser Haus; da kann kein Unglück nicht passieren.

Meine Mutter hat gesagt, man muss es hoffen, und dann hat sie gefragt, ob die Cora gerne hier war.

Die Cora hat gesagt, sie ist gerne hier gewesen, und meine Mutter war so lieb zu ihr und Ännchen und alle Leute, und es war so lustig, und sie muss es ihrem Vater erzählen, wie es in der kleinen Stadt war, und wie die Leute vor dem Fenster singen und dabei der Mond auf ihre Glatze scheint.

Da hat Ännchen gelacht, aber bloß ein bisschen. Und sie ist den ganzen Tag bei der Cora eingehängt gewesen, und beim Gut Nacht sagen hat meine Mutter der Cora einen Kuss gegeben und hat gesagt, in Gottes Namen, morgen sind es bloß mehr sieben Tage. Alle Leute haben es gewusst, dass die Cora fortmuss.

Im Wochenblatt ist es gestanden, dass eine junge Dame von unserer Stadt scheidet und in die Heimat der Braminen geht, und dass man allgemein Glück für diese interessante Weltreisende wünscht.

Meine Mutter ist ganz stolz gewesen, dass die Cora in der Zeitung steht, und sie hat gesagt, man muss es ausschneiden.

Aber sie hat auch geweint, weil es heißt: in die Heimat der Braminen, und es ist furchtbar weit.

Der Buchbinder Stettner, bei dem man die Schulhefte kauft und die Pulverfrösche und die Knallerbsen, hat mich gefragt, ob es wahr ist, dass die Cora hinwill. Ich habe gesagt, es ist schon wahr.

Da hat er aber gelacht und hat gesagt, man muss es nicht glauben, dass sie hingeht. Ich habe gesagt, ich weiß es gewiss, und sie hat schon eine Kajüte bestellt, wo man in der Hängematte drin liegt.

Er hat gesagt, sie glaubt es bloß, und sie kehrt wieder um. Er weiß es ganz genau, weil er auch einmal bis Frankreich gewollt hat und ist bloß bis Stuttgart gekommen, aber da ist er umgekehrt.

Ich habe gesagt, sie weint doch schon, und wenn sie nicht fortwill, muss sie doch nicht weinen.

Da hat er den Kopf geschüttelt und hat gesagt, jetzt weiß er es ganz gewiss, und mit Weinen fangt es immer an, dass man umkehrt.

Der Kaufmann Schwaiger hat mich im Laden vor alle Leute gefragt, wann es losgeht.

Ich habe gesagt, in sechs Tage, und da hat er gesagt, ich muss daheim ausrichten, er empfehlt dem Fräulein den Weg über Suez, weil es näher ist als über Kapstadt, und sie muss beim Roten Meer Obacht geben auf die Hitze, aber dann wird es wieder kühler.

Ich glaube, er hat es bloß gesagt, dass die Leute recht schauen, und die Magd vom Notar hat gleich gefragt, ob er schon dort war.

Er hat gesagt, er war beinah dort, aber er weiß es so genau von seine Pakete, die man ihm schickt.

Wie es bloß mehr fünf Tage war und noch viel trauriger, sind wir nach dem Essen im Zimmer gesessen, und die Lampe hat schon gebrannt. Meine Mutter hat zu der Cora gesagt, sie muss die Namen aufschreiben von alle Orte, wo sie hinkommt, dass man es auf der Landkarte sehen kann, wo sie ist. Ich habe gesagt, ich hole meinen Atlas, und ich bin hinaus. Da habe ich auf einmal dem Franz seinen Pfiff gehört, und ich habe den Atlas nicht geholt, sondern ich bin in den Garten hinunter.

Der Franz ist beim Brunnen gestanden, und es war ganz dunkel, und ich habe gefragt, bist du es?

Er ist näher zu mir gegangen und hat schnell gefragt, geht sie wirklich fort?

Ich habe gesagt, ja, am Samstag.

Da hat er meine Hand furchtbar stark gedrückt und hat gefragt, ob sie ganz fortgeht, dass man sie nicht mehr sieht. Ich habe gesagt, der Buchbinder Stettner glaubt, sie kehrt wieder um, aber ich glaube es nicht.

Da ist er auf den Brunnen gesessen und hat gesagt, er weiß es auch. Sie geht ganz fort, und niemand kann mehr hören, wie sie durch den Garten singt, und niemand kann mehr hören, wie sie lacht.

Ich habe gesagt, ich muss auch Zeitlang haben nach ihr, und ich habe gar nicht gedacht, dass man nach einem Mädchen Zeitlang haben muss.

Da hat er meinen Kopf gestreichelt und hat ganz still gesagt, ja, Ludwig, man muss Zeitlang haben nach ihr.

Auf einmal ist er fort gewesen, und ich habe es gar nicht gesehen, weil es so finster war. Wie ich im Bett gelegen bin, habe ich gedacht, warum die Cora fortgeht, wenn alle nicht wollen; und ich habe gedacht, warum der Franz nichts sagt, dass er sie heiraten mag. Wenn er sie heiratet, bleibt sie noch lange bei uns, und sie fahrt bloß mit meiner Mutter fort, dass sie die Einrichtung kaufen, wie es bei unserer Marie gewesen ist. Und dann ist die Hochzeit zuerst in der Kirche, und dann in der Post, und es gibt Schampanier, und um vier Uhr sind der Franz und die Cora auf einmal nicht mehr da, und meine Mutter sagt, dass die beiden lieben Kinder in der Bahn sitzen und der liebe Gott sie begleiten muss. Aber die andern bleiben noch sitzen, und der Onkel Pepi kriegt einen Schwips und lacht furchtbar und fragt die Rosa, ob sie auch bald in der Bahn sitzen mag. Und dann wird getanzt. Es wird furchtbar lustig, aber der Franz traut sich nicht, und er hat es doch gesagt, wie wir hinter dem Holzstoß waren, dass er sich traut. Jetzt sind bloß mehr vier Tage, und vielleicht kriegt die Cora ihr Billet, und dann muss sie fort, weil es sonst ungültig wird.

Da ist mir eingefallen, dass ich es ihr sage, und ich bin ganz lustig geworden, und dann bin ich eingeschlafen.

In der Früh beim Kaffee haben sie wieder nichts gemocht, und die Cora auch nicht. Ännchen hat rote Augen gehabt und hat immer die Cora angeschaut, und wenn die Cora den Mund aufgemacht hat, hat sie ihr drauf geküsst.

Ich habe gedacht, wie sie anders sind, wenn sie auf einmal hören, die Cora bleibt da, und der Franz heiratet sie auf der Post. Aber ich habe mir noch nichts merken lassen. Nach dem Kaffee hat meine Mutter gesagt, Ännchen muss auf den Markt gehen und einkaufen. Ännchen hat gesagt, sie bittet die Cora, dass sie mitgeht, aber die Cora hat gesagt, sie muss ihre letzten Sachen einpacken, weil es Nachmittag abgeholt wird.

Da ist Ännchen ganz traurig hinaus, und ich habe aber zu der Cora geblinzelt. Sie hat gefragt, ob ich ihr was will, und meine Mutter hat mich angeschaut.

Da habe ich gesagt, ich will ihr nichts, und warum sie es glaubt. Weil du so merkwürdig mit die Augen machst, hat sie gesagt. »Ich?«, habe ich gefragt.

Aber meine Mutter hat gesagt, ich habe überhaupt so dumme Angewohnheiten; vielleicht war es eine.

Ich habe gedacht, sie wird es bald erfahren, und ich habe gewartet, bis sie hinaus war.

Da habe ich zu Cora gesagt, ich will ihr schon etwas.

Sie hat ein bisschen gelacht und hat gesagt, sie hat es gleich gedacht. Vielleicht habe ich wieder ein schlechtes Gewissen, und sie will mir zum Abschied gerne helfen, wenn sie kann.

Ich habe gesagt, es ist gar nichts wegen mir, sondern wegen ihr.

Wegen ihr? hat sie gefragt.

Jawohl, habe ich gesagt, und sie muss noch warten mit dem Einpacken, dass sie keine Arbeit nicht hat mit dem Auspacken. Sie hat gesagt, sie versteht mich gar nicht; ich soll es geschwind sagen.

Ich habe gesagt, ich kann es da nicht sagen, und ich komme zu ihr, wenn sie in ihrem Zimmer ist. Sie hat den Kopf geschüttelt und hat gefragt, was ich für merkwürdige Geheimnisse mache, aber da ist meine Mutter wieder herein, und ich habe geblinzelt und bin hinaus.

Oben auf dem Gang habe ich gepasst, bis die Cora zu sich hinein ist. Da bin ich auch hinein.

Sie hat wieder ein bisschen gelacht und hat gesagt, sie muss um Entschuldigung bitten wegen die Unordnung, denn es ist alles voll Sachen, die in den Koffer müssen.

Ich habe gesagt, sie kann die Sachen in den Schrank tun, und der Koffer muss wieder auf den Dachboden.

Mit was sie dann reisen muss, hat sie gefragt.

Mit nichts nicht, habe ich gesagt.

Da hat sie gesagt, ich muss nicht solche Rätsel machen,

weil sie kein so gescheiter Junge ist, wie ich, sondern bloß ein Mädchen, das kein Rätsel nicht auflösen kann.

Ich habe gesagt, ich erkläre es gleich, und sie muss zuerst sagen, ob sie gerne hierbleibt, oder ob sie lieber fahrt.

Sie hat gesagt, dass man nicht fragt, ob sie mag, sondern sie muss zu ihrem Papa.

Ich habe gesagt, kein Mädchen bleibt bei ihrem Papa, wenn es heiratet, sondern es fahrt mit der Eisenbahn fort, und die Mädchen tun bloß so, als ob sie bei dem Papa bleiben mögen, aber sie sind doch froh, dass sie fortfahren dürfen, wenn die Hochzeit vorbei ist.

Da hat die Cora auf einmal gelacht, als wie früher, und sie hat sich auf den Koffer gesetzt und hat mich angeschaut, und sie hat gesagt, es ist großartig, was ich für gute Kenntnisse habe.

Ich habe gesagt, ich weiß es genau, weil ich schon dabei war. Unsere Marie hat auch geheult, wie sie mit dem Bindinger fort ist, aber in ein paar Tage hat meine Mutter gesagt, dass sie einen furchtbar glücklichen Brief geschrieben hat und da hat man gemerkt, dass sie froh war. Die Cora hat noch immer gelacht, und sie hat gesagt, ich bin der feinste Junge von dem alten Europa, und es ist furchtbar nett, dass ich sie heiraten will, bloß dass sie bleibt, aber es geht nicht, weil ich noch zehn Jahre warten muss, und so lange kann sie nicht mit die Vorbereitungen hier bleiben.

Da habe ich gesagt, ich will sie gar nicht heiraten.

Sie hat gesagt, das ist schade, und sie hat sich umsonst gefreut, aber sie versteht gar nicht, warum ich dann so rede.

Da habe ich ihr gesagt, dass sie den Franz heiraten darf und keine zehn Jahre nicht warten muss.

Sie ist ganz rot geworden und hat das Lachen aufgehört.

Und sie hat gefragt, ob es der Herr Reiser weiß, dass ich mit ihr so was rede.

Ich habe gesagt, er weiß es nicht; ich habe ihm nichts gesagt, aber wenn es vorbei ist, da ist er froh.

Du hast es ganz auf deine Rechnung gemacht? hat die Cora gefragt.

Jawohl, habe ich gesagt. Ich habe mich schon getraut, weil ich weiß, wie es geht, aber der Franz traut sich nicht. Er möchte es furchtbar gern sagen, aber wenn er dich sieht, versteckt er sich hinter dem Holzhaufen. Da ist sie wieder ein bisschen rot geworden und sie hat gesagt, sie muss denken, ich will bloß, dass sie nicht fortgeht, und ich bin ein guter Bengel.

Ich habe gesagt, ich will auch, dass der Franz wieder lustig wird. Früher hat er mir gezeigt, wie man einen schnell hinschmeißt und wo man einen hinhaut, dass er keine Luft nicht mehr hat, aber jetzt will er mir nichts zeigen und redet bloß, dass ich lernen soll, bis ich Griechisch kann, weil einen sonst die Mädchen nicht mögen und lieber mit die Apotheker tanzen.

Die Cora ist aufgestanden und ist ganz nah zu mir gegangen und hat in jede Hand mein Ohr genommen, aber sie hat nicht weh getan und sie hat ganz sanft geredet. Sie hat gesagt, es ist wahr, dass ich lernen muss, aber nicht wegen die Mädchen, sondern wegen meine alte Mutter, die so furchtbar gut ist und die so gerne einen Stolz haben möchte mit mir. Ich muss es ihr zum Abschied versprechen und ich bin gewiss ein tapferer Junge, der sein Wort hält.

Ich habe gesagt, ich will es schon probieren, aber warum sie sagt, zum Abschied, wenn sie doch den Franz heiraten darf.

Sie hat gesagt, wir wollen nicht von solchen Sachen reden, oder wir wollen später einmal davon reden, wenn ich groß bin und vielleicht nach Indien komme. Das ist wahr, habe ich gesagt, ich muss hin, weil ich doch einen Tiger schieße.

Aber zuvor muss ich tüchtig lernen, hat sie gesagt, und ich muss ein rechter Mann werden, dass sich die alte Mutter an mich stützen kann und ich muss ihr die Hand darauf geben.

Ich habe sie ihr gegeben, und sie hat einen festen Ruck gemacht, als wenn sie ein Junge ist.

Und dann hat sie gesagt, ich muss jetzt gehen, weil sie einpackt.

Aber bei der Türe bin ich stehen geblieben, und ich habe gesagt, ich fürchte, der Franz wird jetzt ganz traurig.

Sie hat ein bisschen gelacht und hat gesagt, er wird schon wieder lustig, und in einigen Wochen zeigt er mir wieder, wie man einen hinschmeißt, und er wird später gewiss ein Mann, der so viel wert ist, wie der Apotheker, und ich darf es ihm sagen, wenn sie fort ist.

Da bin ich hinaus, und ich habe gedacht, dass es ganz anders war, als wie ich gemeint habe, aber sie ist ein feines Mädchen, und es ist furchtbar schade, dass sie fortmuss. Kein Mensch möchte nicht weinen, wenn die Rosa nach Afrika geht; und wenn man weiß, dass sie von einer Riesenschlange kaputtgedrückt wird, möchte man auch nicht weinen. Aber leider, sie geht nicht hin.

Und dann ist der Samstag gekommen, und um zehn Uhr haben wir auf die Bahn müssen, aber um sechs Uhr sind wir aufgestanden.

Ännchen hat ein ganz nasses Gesicht gehabt, und meine

Mutter hat auch immer mit dem Sacktuch die Augen gewischt, und die Cora ist blass gewesen.

Sie hat aber gesagt, man muss nicht traurig sein, sondern man muss sich freuen auf das Wiedersehen.

Da hat meine Mutter den Kopf geschüttelt, und sie hat gesagt, sie ist so alt, und man kann nicht denken, dass sie noch einmal die Cora sieht.

Ich kann es nicht aushalten, wenn sie solche Worte macht, und ich habe es jetzt auch nicht ausgehalten, sondern ich habe furchtbar geweint. Und da ist es um den ganzen Tisch angegangen, und Ännchen hat es gestoßen, und über der Cora ihre Backen sind die Tränen gekugelt, aber ich habe am lautesten getan. Da hat meine Mutter gesagt, es ist nicht recht, dass wir der Cora ihr Herz schwer machen, und sie fahrt doch heim zu ihrem lieben Papa.

Die Cora hat sich gewischt, und sie hat probiert, ob sie nicht ein bisschen lachen kann, und sie hat sich hinübergesetzt auf das Kanapee neben meiner Mutter und hat ihr die Hand geküsst. Sie hat gesagt, sie will ihrem Papa erzählen, wie schön es in dem alten Deutschland ist, und noch gerade so schön, als wie er dagewesen ist. Die Sonne scheint darüber, und die Bäume machen Musik im Wald, und der Bach lauft durch die Wiesen und ist so lustig und so klar, als wenn es nicht vierzig Jahr später ist. Und mitten in dem lieben Deutschland sitzt seine Schwester und hat ein bisschen graue Haare, aber kein altes Herz nicht, und das Herz schlägt recht stark für den Mann, der so weit weg ist, und wenn die Sonne hinuntergeht, gibt sie ihr aus dem kleinen Zimmer einen Gruß mit, und die Sonne bringt ihn mit, wenn sie drunten aufgeht.

Ja, hat meine Mutter gesagt, und allen Segen von der alten Heimat. Es ist furchtbar, was sie für Worte gemacht haben, dass man nicht hat aufhören können zum Weinen.

Aber dann hat meine Mutter zu Ännchen gesagt, ob sie das Schinkenbrot eingewickelt hat, und die Flasche Wein, und das Obst. Und sie hat zu Cora gesagt, sie darf nicht am offenen Fenster sitzen in der Eisenbahn, und sie muss den Rotwein trinken, und wenn sie im Hotel ist, muss sie die Türe zusperren und unter dem Bett schauen, und sie darf in keinem Eisenbahnwagen allein sitzen, sondern immer wo Leute sind.

Die Cora hat es versprochen, und sie hat auch versprochen, dass sie überall schreibt, ob sie gut hingekommen ist, und Ännchen hat gesagt, sie will jeden Tag genau aufschreiben, wie es gewesen ist, und es der Cora schicken.

Auf einmal ist die Magd gekommen und hat gesagt, der Wagen ist da, und über die Stiege ist der Kutscher gegangen und hat gefragt, ob man keinen Koffer nicht hat.

Die Magd hat die zwei Koffer geholt, und Cora ist mit Ännchen hinauf, und sie haben eine Tasche geholt. Aber meine Mutter ist im Zimmer geblieben, weil sie nicht mit auf die Bahn ist. Die Cora hat sie lang gebittet, dass sie nicht mitgeht; sie hat gesagt, sie mag von meiner Mutter nicht vor fremde Leute auf der Bahn Abschied nehmen, und sie will, dass meine Mutter beim Fenster hinausschaut, wenn sie sich noch einmal umdreht und das liebe Haus, wo sie gewohnt hat, zum letztenmal sieht.

Da hat meine Mutter gesagt, sie will es tun.

Aber jetzt sind sie wieder heruntergekommen mit die Koffer und der Tasche, und die Cora ist zuerst in das Zimmer.

Meine Mutter ist langsam von dem Kanapee aufgestanden, und sie hat gesagt, in Gottes Namen, es muss sein.

Die Cora ist schnell zu ihr, und sie hat sie umarmt, und sie hat gesagt, liebe, liebe Mutter. Ich habe geglaubt, meine Mutter weint jetzt, und wir müssen auch.

Aber meine Mutter hat nicht geweint, und ihre Stimme war ganz still, und sie hat gesagt, leb wohl, mein gutes, stolzes Kind.

Und da hat sich die Cora gebückt und hat ihre Stirne auf die Hand von meiner Mutter gelegt und ist schnell fort. Und draußen hat sie gesagt, jetzt kommt, und sie ist voran über die Stiege.

Vor unserm Haus sind viele Leute gewesen. Der Sattler Weiß ist dagestanden und der Kaufmann Schwaiger und der Buchbinder Stettner und der Kollerbräu und die Bräuburschen, und viele Frauen und Kinder sind dagewesen.

Sie haben es sehen gewollt, wie es geht, wenn man nach Indien fahrt. Ich bin ganz stolz gewesen, und ich habe vom Bock heruntergeschaut, und der Sattler Weiß hat seinen Hut geschwenkt und hat gerufen, glückliche Reise über dem Meere.

Aber der Stettner ist ganz nah gestanden, und er hat zu mir auf den Bock geblinzelt und hat gesagt, auf Wiedersehen in acht Tagen, und er hat gelacht.

Da hat der Kutscher geknallt, und der Wagen ist fort und hat Spektakel gemacht über das Pflaster, und die Leute haben gerufen.

Die Cora ist aufgestanden und hat mit dem Taschentuch gewunken, und meine Mutter hat beim Fenster hinausgeschaut und hat auch gewunken. Zuerst hat man sie gut gesehen, aber dann hat man bloß mehr ihr weißes Sacktuch gesehen, und dann sind wir um die Ecke gefahren.

Auf dem Bahnhof ist die Tante Theres gestanden mit ihrer Rosa, und der Onkel Pepi war da. Der Seitz und der Amtsrichter Reinhardt ist auch dagewesen, und der Knilling und die Frau Notar und andere Leute.

Ganz hinten habe ich den Franz gesehen, und er hat einen Blumenstrauß in der Hand gehabt.

Die Tante Theres ist hergekommen und hat gefragt, wo meine Mutter ist. Die Cora hat gesagt, sie hat meine Mutter gebittet, dass sie nicht mitkommt.

Da hat die Tante Theres gesagt, so? Und sie hat ihre Rosa angeschaut, dass sie sich es merken muss. Und die Rosa hat ihre Augen herumgehen lassen, dass sie alles sieht und sich merkt.

Dann hat die Tante Theres die Blumen angeschaut, die meine Mutter der Cora gegeben hat, und sie hat gesagt, es sind viele Rosen, und in diese Jahreszeit muss man die Rosen bis von München schicken lassen, weil man hier keine kriegt. Und sie hat wieder ihre Rosa angeschaut.

Und dann hat sie gefragt, also jetzt geht die Reise wirklich fort? Die Cora hat gesagt, ja, und sie hat Ännchen ihr Gesicht gestreichelt.

Die Tante Theres hat gesagt, gewiss freut sich die Cora auf Indien, weil sie es viel besser gewohnt ist wie hier, aber unser Ännchen muss jetzt einsam sein, denn sie ist ja mit gar niemand mehr verkehrt, als mit der Cora, und jetzt ist sie allein.

Da hat aber der Onkel Pepi geredet und er hat gesagt, es ist schade, dass er so alt ist; wenn er noch jung wäre, ließe er die Cora nicht fort, und die jungen Menschen heute sind dumm, weil sie so ein hübsches Mädchen fortlassen.

Die Cora hat zu ihm gelacht und hat ihm die Hand geschüttelt, und der Onkel Pepi hat auch gelacht.

Aber die Tante Theres hat die Rosa angeschaut, dass sie es sich merkt.

Jetzt hat der Zug von der nächsten Station abgeläutet, und der Expeditor ist mit seine rote Mütze hergekommen und hat gegrüßt wie ein Offizier und hat dem Stationsdiener gewunken. Er ist hergesprungen, und der Expeditor hat ihm gesagt, er muss das Gepäck hintragen für das gnädige Fräulein, welches bis Indien fahrt.

Die Cora hat ihm gedankt, und er hat gegrüßt wie ein Offizier, und er war furchtbar stolz.

Und der Stationsdiener hat die Koffer genommen und hat sie mitten hingestellt, und er war auch stolz.

Der Seitz und der Reinhardt sind hergegangen, und der Seitz hat gesagt, er ist gekommen für das letzte Lebewohl. Die Cora hat gesagt, er ist sehr freundlich, und sie hat dem Seitz und dem Reinhardt die Hand gegeben.

Der Reinhardt hat die Absätze aufeinander gehaut, und der Seitz hat gesagt, vielleicht versinkt die Erinnerung in den tiefen Ozean und unter die Palmen.

Aber die Cora hat nicht aufgepasst, und sie hat mit Ännchen geredet, dass sie nicht so weinen muss, und sie bleiben einander gut, und dann hat sie still mit ihr geredet, und sie haben sich oft geküsst.

Die Rosa hat immer hingeschaut, und ich glaube, sie hat es gezählt.

Aber der Onkel Pepi hat geschnupft, und er hat wieder gesagt, der Teufel muss ihn holen, wenn er ein junger

Mann sein möchte, darf kein so hübsches Mädchen nicht fort.

Da hat man hinter dem Weberberg einen Rauch gesehen, und es war schon der Zug. Der Stationsdiener ist gelaufen, und er hat geläutet und hat gerufen, dass man einsteigen muss.

Der Expeditor ist wiedergekommen mit seine rote Mütze, und alle Leute sind um die Cora herumgewesen. Ich habe geschaut, ob der Franz nicht kommt, aber er ist hinten gestanden. Da hat ihn die Cora auch gesehen, und sie ist geschwind zu ihm gegangen, und er hat seinen Hut herunter, und in der andern Hand hat er die Blumen gehabt. Die Cora hat gefragt, ob ihr die Blumen gehören.

Er hat gesagt ja, und er ist rot gewesen, als wenn er brennt.

Sie hat die Blumen genommen, und sie hat gesagt, es freut sie, und sie hat ihm die Hand fest geschüttelt und hat gesagt, leben Sie wohl und behalten Sie mich in einem guten Andenken. Dann ist sie weg, und der Franz hat nichts sagen gekonnt und hat sich geschwind umgedreht, dass man nicht sieht, dass er weint.

Aber die Cora ist zu dem Wagen, und es war erste Klasse, und der Stationsdiener hat furchtbar laut dem Kondukteur gerufen, dass er aufmacht für das Fräulein, welches bis Indien fahrt.

Und der Kondukteur hat die Tür aufgerissen, und er hat seine Hand an die Mütze getan, und der Stationsdiener hat die Koffer hineingeschoben. Die Cora hat Ännchen umgearmt, und dann hat sie mich auch umgearmt, und sie hat gesagt, ich bin ein tapferer Junge und halte gewiss mein Wort, und dann hat sie wieder Ännchen geküsst. Der Expeditor ist hergekommen und hat gesagt, man muss entschuldigen, aber der Zug geht.

Da ist die Cora hinein.

Sie hat das Fenster heruntergetan und hat zu mir und zum Ännchen gesagt, lebt wohl und auf Wiedersehen!

Der Seitz hat gerufen, Glück auf in dem Lande der Braminen, aber Ännchen hat bloß geschluchzt, Cora, liebe Cora, und der Zug ist gegangen, und sie ist daneben hergelaufen.

Aber dann ist der Zug schnell gegangen, und beim Bahnwärterhaus hat man noch ihr weißes Tuch gesehen.

Und dann war sie fort.

Hauptmann Semmelmaier

Es ist in der Zeitung gestanden, dass der Hauptmann Semmelmaier und seine Frau die ungeratenen Kinder auf den rechten Weg bringen und sie zu gute Schüler verwandeln, weil er ein Offizier war, und sie war eine Guwernante.

Da haben sie mich hingebracht. Meine Mutter hat nicht wollen, aber die andern haben gesagt, es ist ein Fingerzeig Gottes, und es ist das letzte Mittel, was man für mich hat. Da hat meine Mutter gesagt, in Gottes Namen, man muss es probieren, ob es vielleicht der Hauptmann Semmelmaier kann, und sie ist mit mir in die Stadt gefahren. Er wohnt in der Herrenstraße, und man muss vier Stiegen hinauf. Meine Mutter ist nach jeder Stiege hingestanden und hat ausgeschnauft und hat einen Seufzer gemacht. Sie hat gesagt, dass sie es nicht geglaubt hat, wo sie überall hingehen muss mit mir.

Und dann sind wir oben gewesen, und ich habe geläutet. Eine Magd hat aufgemacht, und sie hat mich angeschaut, wie die Leute immer schauen, wenn der Schandarm einen bringt. Aber sie hat uns in ein Zimmer geführt, wo wir haben warten gemusst. Auf einmal ist die Tür aufgegangen, und ein Mann und eine Frau ist gekommen. Der Mann war groß und er hat einen Bauch gehabt, und sein Bart ist bis auf den Bauch gehängt, und seine Augen sind ganz rund gewesen, und er hat sie beim Reden furchtbar gekugelt, aber wenn er was Trauriges gesagt hat, da hat er die Deckel darüber fallen gelassen. Er hat ganz langsam geredet, und ein Wort hat lang gedauert, weil es durch die Nase gegangen ist, und sie war furchtbar groß. Er hat mir gar nicht gefallen und die Frau hat mir aber auch nicht gefallen. Sie war ganz klein und mager, und ihre Nase war gelb, und ihre Augen sind schnell herumgegangen, und sie hat beim Reden den Mund bloß ein bisschen aufgemacht, und da hat es getan, als wenn es dazu pfeift.

Der Mann hat gesagt, er hat die Ehre mit die Frau Oberförster Thoma, nicht wahr? Meine Mutter hat gesagt, ja, und sie ist gekommen, weil der Herr Hauptmann so berühmt ist wegen seine Erziehungskunst, und sie hat schon geschrieben. Der Mann hat gesagt, er weiß alles, und dann hat er seine Hand auf meinen Kopf getan, und er hat gesagt, er muss also einen tüchtigen Menschen aus diesem Purschen machen, nicht wahr? Meine Mutter hat gesagt, man muss es probieren, und vielleicht geht es in Gottes Namen. Der Mann hat seine Augen gekugelt und hat gesagt, es geht. Und die Frau hat gesagt, sie haben schon hundertfünfzig Knaben verwandelt, und es sind viele dabei gewesen, wo man keine Hoffnung nicht mehr gehabt hat, und heute sind sie nützliche Menschen, zum Beispiel Assessor und Offizier und Studenten.

Da hat der Mann gesagt, es ist wunderbar, wie die Leute für ihn schwärmen, wenn sie verwandelt sind, und erst gestern ist ein Leutnant dagewesen, der gesagt hat, er verdankt ihm alles, was er geworden ist, und er ist jetzt Ulan. Meine Mutter hat gesagt, ich muss aufmerken und ich muss den Vorsatz nehmen, dass ich auch einmal komme und dem Herrn Hauptmann danke. Er kommt, hat der Mann gesagt; es gibt keinen Zweifel nicht, dass einmal die Tür aufgeht und ein ritterlicher Offizier geht herein und sagt, dass er der Ludwig Thoma ist und dem alten Semmelmaier die Hand drücken muss. In Gottes Namen, man muss es hoffen, hat meine Mutter gesagt, und sie glaubt es, weil er doch auch ein Offizier war. Da hat der Mann seinen Bart genommen, und er hat ihn in die Höhe getan, dass man einen Orden gesehen hat. Er hat mit dem Finger hingedeutet, und er hat gesagt, dass er ihn bekommen hat von seinem König, und dass er ihn verdient hat auf das Schlachtfeld von Wörth. Dann hat er seinen Bart wieder fallen gelassen. Und dann hat er gesagt, er muss gehen, weil der Graf Bentheim auf ihn wartet, und er hat ihn auch verwandelt. Meine Mutter hat gesagt, sie ist ganz froh, weil der Hauptmann ihr so viel Hoffnung macht, und sie ist dankbar. Der Mann hat die Deckel über seine Augen getan und hat gesagt, er will mich ansehen für seinen Sohn, und dann hat er wieder die Hand auf meinen Kopf gelegt, und er hat gesagt, dass der Tag kommt, wo der junge Mann dem alten Semmelmaier die Hand drückt. Und dann ist er gegangen.

Meine Mutter hat zu der Frau gesagt, sie hat gesehen, dass ich an die richtige Stelle bin und ein gutes Beispiel vor Augen habe. Und die Frau hat gesagt, es ist die Hauptsache, dass man Vertrauen hat, und sie bittet meine Mutter, dass sie ihr sagt, auf was man bei ihm Obacht geben muss. Da hat meine Mutter einen Seufzer gemacht, und sie hat gesagt, ich habe ein gutes Herz, aber ich bin ein bisschen zerstreut, und ich lerne nicht gern, und ich denke lieber an andere Sachen, und ich nehme mir immer alles Gute vor, aber ich tue es nicht.

Die Frau hat gesagt, es sind lauter Fehler, die ihr Mann kurieren kann; er hat ein eisernes Pflichtgefühl, und er bringt es in die Knaben hinein. Da hat meine Mutter gesagt, ich bin auch ein bisschen trotzig, und man kann mit der Güte bei mir viel mehr hineinbringen als mit der Strenge. Die Frau hat mit dem Kopf genickt und hat gesagt, dass ihr Mann die Güte auch kann. Die Knaben werden ganz weich, weil er so gut ist, und er sagt immer, er muss ihr Vater sein. Meine Mutter hat ihr die Hand gegeben und hat gesagt, sie bittet, dass die Frau auch die Mutter macht von mir. Die Frau hat gesagt, sie will es tun, und sie hat mich ins Gesicht gestreichelt, aber es war ekelhaft, weil ihre Finger ganz kalt und nass sind. Dann sind wir in der Wohnung herumgegangen, und sie hat meiner Mutter gezeigt, wo mein Zimmer ist. Es ist schön gewesen, und es war eine Bücherstelle da und ein Schreibtisch und ein Schrank und ein Bett. Das Fenster war groß, und man hat viele Häuser gesehen. Meine Mutter hat gesagt, dass es so hell und reinlich ist, und da kann ich furchtbar studieren, und ich soll nicht zu oft bei dem Fenster hinausschauen, und ich muss Ordnung haben im Schrank und auf dem Tisch, und wenn ich vielleicht recht fleißig bin, darf ich wieder heim. Ich habe gedacht, ich will so tun, als wenn ich gleich verwandelt bin, dass ich bald fort darf, denn ich habe schon Heimweh gehabt, und die Frau hat mir gar nicht gefallen. Meine Mutter hat gefragt, ob noch andere Knaben da sind. Die Frau hat gesagt, es sind zwei Baron und drei andere da, und vielleicht kommt noch ein Graf, und zwei sind jetzt das dritte Jahr da und sind beinah fertig gemacht, aber die anderen drei sind erst ein Jahr in der Arbeit, und man sieht aber schon die Verwandlung. Bloß einer ist widersetzig, und ihr Mann muss oft bei der Nacht aufwachen und nachdenken, wie er ihn verbessert. Und sie muss mich warnen, dass ich keine Freundschaft mit ihm mache. Er heißt Max, und sein Vater war ein Leutnant, der im Krieg totgeschossen worden ist. Da hat meine Mutter zu mir gesagt, ich muss dankbar sein für diese Belehrung, und ich muss folgen und bloß Freundschaft haben mit den Braven.

Und dann hat sie gebittet, dass ich heute noch bei ihr bleiben darf, aber morgen früh bringt sie mich her, und mein Koffer kommt auch. Wir sind gegangen, und meine Mutter hat auf der Stiege gesagt, sie muss glauben, dass ich jetzt ein anderer Mensch werde durch den Hauptmann Semmelmaier, und wenn er es nicht kann, wo er es doch bei so viele kann, dann weiß sie keinen mehr. Ich bin mit meiner Mutter in der Stadt herum, weil sie Sachen gekauft hat, und wenn ein Student gegangen ist, hat meine Mutter gesagt, ich muss mir vornehmen, dass ich auch einer werde. Aber dann ist eine Musik gekommen mit Soldaten, und nach der Musik ist ein Offizier gegangen, der hat einen Säbel in der Hand gehabt. Da hat meine Mutter gesagt, wenn ich dem Semmelmaier folge, dann darf ich auch einmal mit der Musik marschieren, und ich soll einen Vorsatz machen. Am Nachmittag hat sie einen Besuch gemacht beim Oberförster Heiß. Der hat ganz weit draußen gewohnt, und sein Haus ist in einem Garten gestanden, da war es so schön, als wie bei uns. Ein Dackel hat gebellt, und im Hausgang hat man schon den Tabak gerochen, und im Zimmer waren viele Geweihe aufgehängt. Der Heiß hat sich gefreut, dass wir da sind, und die Frau Heiß hat einen Kaffee und Kuchen gebracht, und sie haben mit meiner Mutter geredet, wie es früher gewesen ist, wo mein Vater noch gelebt hat, und er war der beste Freund vom Heiß, und sie sind immer beieinander gewesen. Und da hat der Heiß mit der Pfeife zu mir gedeutet, und er hat gesagt, ich muss auch im Wald leben, weil ich aus einem Fuchsbau bin, und ob ich will. Ich habe gesagt, ich will es am liebsten. Aber meine Mutter hat wieder einen Seufzer gemacht, und sie hat gesagt, dass ich nicht studieren mag. Der Heiß hat gerufen: halloh, so viel muss ich schon lernen, dass ich Förster werde, und es ist nicht viel. Er hat gefragt, wo ich jetzt bin. Meine Mutter hat es ihm erzählt, dass ich daheim in der Lateinschule gewesen bin und nichts gelernt habe, und dass die Verwandten sagen, sie ist schuld, weil sie nicht streng ist, und jetzt hat sie mich zum Hauptmann Semmelmaier gebracht, der die Schüler so gut verwandeln kann, und morgen muss ich hin. Der Heiß hat gelacht, und er hat gesagt, er hat es noch gar nicht gehört, dass ein Hauptmann so gut passt für einen Lehrer. Meine Mutter hat gesagt, er ist kein Lehrer nicht, sondern er gibt für die Knaben das eiserne Pflichtgefühl, und seine Frau ist eine Guwernante, wo man die Manieren lernt. Der Heiß hat in die Pfeife hineingeblasen, und er hat furchtbar geraucht, und dann hat er gefragt, wie der Hauptmann sich schreibt, weil er seinen Namen nicht gleich verstanden hat. Er heißt Semmelmaier, hat meine Mutter gesagt. Der Heiß hat die Pfeife aus dem Mund getan und hat immer gesagt: Semmelmaier, Semmelmaier. Meine Mutter hat gefragt, ob er ihn kennt. Da hat der Heiß gesagt, er weiß es nicht, ob er es ist, aber im Krieg war ein Leutnant bei ihm, der hat Josef Semmelmaier geheißen, und er war so dumm, dass ihn die Soldaten den Hornpepi geheißen haben, und er hat sich immer versteckt, wenn es geschossen hat. Der Heiß hat gesagt, er hofft, dass es nicht der nämliche ist. Es ist gewiss nicht der nämliche, hat meine Mutter gesagt, denn unser Hauptmann Semmelmaier ist gescheit, und alle Leute loben ihn, und sie danken dem lieben Gott, dass sie bei ihm gewesen sind, und ich muss gegen ihn Ehrfurcht haben. Da hat der Heiß gesagt, vielleicht ist er gar nicht der Hornpepi. Nach dem Kaffee sind wir gegangen, und auf dem Weg hat meine Mutter zu mir gesagt, ich darf nicht glauben, dass der Semmelmaier der Hornpepi ist und sie hat den Heiß gern, weil er ein Freund von meinem Vater gewesen ist, aber er ist ein Jäger, und die Jäger machen oft solche Späße, die für einen Knaben nicht passen. Ich hab gedacht, ich glaube schon, dass der Semmelmaier der Hornpepi ist, weil er die Augen so kugelt, aber ich habe nichts gesagt. Am andern Tag sind wir wieder zum Semmelmaier, und meine Mutter hat zu ihr gesagt, sie übergibt mich in die Hände von ihr, und meine Wäsche ist ordentlich beisammen. Und zum Semmelmaier hat sie gesagt, sie muss jetzt viele Hoffnung durch ihn haben. Er hat ihr seine Hand gegeben und hat auf die Decke geschaut und er hat gesagt, er tut, was die Menschenkraft kann, und der liebe Gott muss ihn segnen. Meine Mutter hat geweint, wie sie fort ist, und sie hat mir einen Kuss gegeben, und wie sie schon auf der Stiege war, hat sie sich umgedreht, und sie hat gesagt, sie geht mit Freuden, weil sie weiß, dass ich verwandelt werde. Ich bin allein umgekehrt, und da habe ich aber furchtbar Heimweh gekriegt, und ich habe gedacht, wenn ich daheim immer fleißig war, muss ich jetzt nicht bei fremde Leute sein. Die Frau war gleich nicht mehr so freundlich, wie ich allein war. Sie hat mich in ein Zimmer geführt, das bloß ein Fenster in den Gang hatte, und es war nicht hell. Ich habe gesagt, ich will in das Zimmer, wo wir gestern gewesen sind. Da hat sie gesagt, ich muss jetzt da bleiben, weil in das andere Zimmer ein Graf kommt, aber später kriege ich vielleicht ein anderes.

Ich habe nichts mehr gesagt, weil ich so traurig gewesen bin, und ich habe meine Sachen ausgepackt und habe immer die Kleider angeschaut, wo ich daheim damit herumgegangen bin. Und da ist mir eingefallen, wie es schön war, und ich habe geweint, bis ich zum Essen gegangen bin. Es sind drei Knaben dagewesen und der Semmelmaier und sie.

Der Semmelmaier ist aufgestanden, und er hat ein Gebet gesagt, dass wir Gott bitten, er muss die Mahlzeit segnen. Es war aber bloß Reis in der Milch, und ich mag ihn nicht.

Ich habe immer geschaut, wie die drei Knaben sind. Einer hat rote Haare gehabt und Sommersprossen und hat Wendelin geheißen, und er hat mir nicht gefallen. Der andere hat die Haare ganz hineingepappt gehabt, und er hat die Augen immer auf den Boden getan. Das war der Alfons, und er hat mir auch nicht gefallen. Aber noch einer ist dagewesen, der hat lustig zu mir geschaut und hat gelacht; er hat Max geheißen. Ich habe gedacht, ob ich sie hinschmeißen kann, und ich habe es gleich gesehen, dass es keine Kunst ist bei dem Wendelin und bei dem Alfons. Aber der Max war so groß wie ich, und er hat stark ausgeschaut.

Der Semmelmaier hat gesagt, er muss mich als ein neues Mitglied von der Anstalt vorstellen, und er muss die anderen ermahnen, dass sie mir ein gutes Beispiel geben, und er muss mich ermahnen, dass ich dem guten Beispiel folge.

Und sie hat gesagt, ich muss den Reis nicht herumrühren, sondern ich muss ihn essen, oder ob ich vielleicht heiklig bin.

Ich habe gesagt, ich mag keinen Reis nicht gern.

Sie hat gesagt, es gibt kein Mögen nicht, die Knaben müssen essen, was sie kriegen. Der Semmelmaier hat gesagt, dass der Reis nahrhaft ist, und in Asien leben alle Leute davon, und die Völker, wo man Fleisch isst, sind keine guten Soldaten nicht, als wie die andern, wo man bloß Reis kriegt. Aber er hat einen Braten gehabt und Kartoffelsalat.

Nach dem Essen hat er wieder gebetet, dass man Gott dankt für alles, was er beschert hat.

Und dann ist er gegangen. Wir sind auch hinaus, weil wir ein bisschen auf die Straße haben dürfen. Auf der Stiege hat der Max zu mir gesagt, ich soll mit ihm gehen, und nicht mit die andern. Das habe ich getan.

Wir sind gegangen, bis wir auf eine Wiese gekommen sind. Da haben wir uns auf eine Bank gesetzt, und der Max hat gefragt, wer mein Vater ist.

Ich habe gesagt, er ist tot, aber er war ein Oberförster. Da hat er gesagt, dass sein Vater ein Leutnant war, und er ist auch tot, weil ihn die Franzosen geschossen haben.

Er hat gesagt, ich soll probieren, ob ich seinen Arm biegen kann. Es ist nicht gegangen, aber er hat meinen Arm auch nicht biegen können. Da ist er über die Bank gesprungen und hat gesagt, ich soll es nachmachen. Ich habe es ganz leicht gekonnt, und er hat gefragt, ob ich vielleicht auf die Hände gehen kann. Ich habe es ihm gezeigt, und ich habe ein Rad geschlagen.

Da hat er gesagt, ich gefalle ihm gut, und ich muss zu ihm helfen. Ich habe gesagt, dass er mir gleich gefallen hat, und ich habe schon gedacht, dass er so ist, weil die Frau Semmelmaier gesagt hat, ich darf keine Freundschaft mit ihm nicht haben.

Er hat gesagt, sie ist eine geizige und gemeine Frau, welche nichts Gescheites zum Essen hergibt, und sie will von die Knaben sparen.

Ich habe gefragt, wie er ist.

Der Max hat gesagt, der Semmelmaier ist dumm, und er kümmert sich gar nicht um einen; bloß wenn die Eltern da sind, macht er solche Lügen, als wenn er uns erzieht.

Ich habe gesagt, dass er zu meiner Mutter erzählt hat, dass die Leute kommen und ihm danken, wenn sie Offiziere geworden sind.

Der Max hat gesagt, dass er es immer erzählt, und die Eltern glauben es. Aber wenn man drei Wochen da ist, merkt es jeder, dass er bloß schwindelt.

Da habe ich ihm erzählt, was der Heiß gesagt hat, vom Hornpepi. Der Max hat furchtbar gelacht, und er hat gesagt, dass der Semmelmaier Josef heißt, und er ist es ganz gewiss.

Und dann hat er zu mir gesagt, ich muss Obacht geben auf den Alfons und den Wendelin. Sie verschuften ihn und sagen alles, was sie hören, und er hat gesagt, wir müssen zusammenhalten. Er ist so froh, dass einer da ist, der ihm gefallt.

Wie ich schon ein Monat da war, habe ich gesehen, dass es mir beim Semmelmaier gar nicht gefallt. Sie hat uns furchtbar wenig zum Essen gegeben, und wenn ich gesagt habe, dass es mich hungert, dann hat er geredet, und er hat gesagt, er weiß nicht, wie es mit Deutschland noch gehen muss, wenn die Jugend so ungenügsam ist. Er hat drei Tage nichts gegessen und getrunken, wie er im Krieg war, und am vierten Tag hat es auch kein Fleisch gegeben, sondern bloß Pulver und Blei, aber er hat sich nichts daraus gemacht, weil er das Vaterland liebt. Und wenn die Jugend immer essen will, muss es schlecht gehen mit Deutschland.

Und dann ist er wieder fortgegangen ins Wirtshaus. Er kauft sich lauter Bier von dem Geld, was er leider von unsere Eltern kriegt, und es ist auch nicht wahr gewesen, dass er achtgibt auf uns. Er hat gar nicht gewusst, ob wir lernen, und bloß, wenn man eingesperrt worden ist, und er hat einen Strafzettel unterschreiben müssen, hat er so getan, als wenn er sich darum kümmert. Wenn auf dem Strafzettel gestanden ist, dass man wegen Ungezogenheit zwei Stunden kriegt, hat er immer gefragt, was eine Ungezogenheit ist. Er hat gesagt, er kennt es nicht; es hat keine Ungezogenheit nicht gegeben, wie er studiert hat; er hat es nie nicht gewusst, wie man eine Ungezogenheit macht, und warum man eine macht, und man kann doch leben ohne eine Ungezogenheit.

Er hat immer ganz lang gepredigt, und der Max hat gesagt, es ist die größte Freude vom Semmelmaier, wenn er gegen uns so viel reden darf, weil er gegen die Frau immer still sein muss.

An jedem Donnerstag haben wir bloß eine Brennsuppe gekriegt, und der Semmelmaier hat gesagt, er probiert uns, ob wir Spartaner sind.

Wir sind aber keine Spartaner nicht, und es hat mich immer so gehungert, und da habe ich es heim geschrieben. Meine Mutter hat gleich eine Antwort gegeben. Sie hat geschrieben, sie mag keine Heimlichkeiten nicht dulden, und sie hat dem Semmelmaier meine Klage geschrieben, und vielleicht weiß er nicht, dass ich einen so großen Appetit habe. Der Semmelmaier hat den Brief schon gehabt, und in der Frühe hat er mich gerufen. Da ist er im Zimmer gestanden, und sie ist auf dem Kanapee gesessen.

Sie hat mich gleich angeschrien, warum ich so lüge und schreibe, dass ich hungern muss. Ich habe gesagt, das ist keine Lüge nicht, und ich habe Hunger, und wenn ich bloß eine Brennsuppe kriege, kann ich nicht satt sein. Sie hat geschrien, ich bin frech, und sie hat es gleich gedacht, dass ich frech bin, weil man es mir ansieht, und weil ich gleich so befreundet gewesen bin mit dem Max, und ich schreibe zu meiner Mutter solche Lügen, dass ihr Haus verdächtig ist, als ob die Knaben hungern müssen. Ich habe gesagt, es ist wahr, dass ich Hunger habe, und ich darf es sagen.

Da hat sie zum Semmelmaier geschrien, dass er reden muss zu diesem gemeinen Knaben, der das Haus verdächtigt.

Der Semmelmaier ist ganz nah zu mir gegangen und hat langsam gesagt, ich muss ihn anschauen.

Ich habe ihn angeschaut.

Da hat er seinen Bart in die Höhe getan und hat mit dem Finger auf den Orden gezeigt, und er hat mich gefragt, was das ist.

Ich habe gesagt, es ist Messing.

Er hat die Augen furchtbar gekugelt und hat gesagt, es ist eine Auszeichnung von dem höchsten Kriegsherrn, und ob ich glaube, dass man es kriegt, wenn man heimliche Briefe schreibt über Brennsuppen. Man kriegt es nicht dafür, sondern man muss ein Spartaner sein und eine Entbehrung machen und schwitzen und frieren und den Tod im Angesicht haben. Dann kriegt man es, weil man ein tapferer Spartaner ist, und er muss die Jugend erziehen, dass sie auch einmal die Auszeichnung kriegt, und wir müssen am Donnerstag die Brennsuppe essen, weil es eine Vorübung ist für den Krieg. Er hat gesagt, er möchte uns alle Tage einen Nierenbraten geben, und er möchte Freude haben, wenn wir recht viel essen, aber er darf es nicht, weil wir dann keine Spartaner nicht werden, sondern bloß Jünglinge mit Genusssucht. Und er muss es meiner Mutter schreiben, dass er keine Garantie nicht für mich geben kann, wenn ich lauter Nierenbraten essen will. Da hat sie geschrien, dass sie auch schreibt, dass ich ein frecher Knabe bin, der Lügen macht und das Haus verdächtigt.

Ich bin gegangen, aber bei der Tür hat mir der Semmelmaier noch gerufen, dass ich denken muss, er will uns für die Auszeichnung erziehen.

Ich war furchtbar zornig, und ich habe es dem Max erzählt, und er ist auch zornig geworden. Aber bald habe ich einen Brief von meiner Mutter gekriegt, da ist darin gestanden, dass ihr der Herr Hauptmann alles erklärt hat, und es ist keine Sparsamkeit nicht, wenn wir Brennsuppe essen müssen, sondern es ist eine Erziehung, und ich darf mich nicht beschweren, sondern ich muss froh sein, dass ich bei einem Mann bin, der mich zu einem Spartaner verwandelt. Aber wenn ich wirklich so Hunger habe, gibt sie mir ein bisschen Taschengeld, und ich darf mir vielleicht manchmal eine Wurst kaufen, aber keine Süßigkeiten, und ich muss immer denken, dass ich einmal ein tapferer Offizier werde, wie der Semmelmaier, und ich muss recht lernen. Es sind drei Mark im Papier eingewickelt gewesen. Der Max hat den Brief gelesen, und er hat gesagt, er weiß es schon, man kann nichts machen, weil seine Mutter auch immer die Sprüche vom Semmelmaier glaubt, und sie denkt auch, man darf einem Knaben nicht recht geben.

Aber da ist eine Woche vergangen, und es ist etwas passiert, weil ich drei Mark gehabt habe. Ich und der Max haben oft auf die Leute geschmissen mit kleine Steine, wenn sie nicht hergeschaut haben. Wenn es Kartoffeln gegeben hat beim Semmelmaier, haben wir oft einen eingesteckt, und auf dem Weg ins Gymnasium haben wir ihn auf eine Droschke geschmissen oder auf einen Mann, der eine Kiste auf dem Buckel getragen hat. Und die Kartoffeln haben gespritzt, und die Leute sind furchtbar zornig gewesen. Sie haben nicht gewusst, wo es herkommt, und wir sind schon lange davon gelaufen, bis sie es gemerkt haben.

Aber jetzt hat der Max gesagt, weil ich drei Mark habe, müssen wir Eier kaufen; und wir möchten viel mehr Spaß haben, wenn wir mit die Eier schmeißen, weil es dann ganz gelb herunter rinnt.

Ich habe gesagt, das ist wahr, und wir haben jetzt immer Eier gekauft, wenn wir aus dem Gymnasium sind. Wir haben es entdeckt, dass kein Fenster nicht kaputt geht, wenn man es mit dem Ei trifft. Es platscht, und die Leute unten lachen, weil es so gelb ist, und die Leute oben reißen das Fenster auf und schimpfen furchtbar. Aber es geht nicht kaputt.

Wenn man eine Droschke hinten trifft, weiß es der Kutscher nicht, und er fahrt weiter und schaut immer, warum die Leute so lachen, bis er es merkt, und da steigt er herunter und schaut es an, und wenn einer im Wagen sitzt, kommt er auch heraus und tut sich wundern. Aber wenn man einen Mann trifft, der eine Kiste auf dem Buckel tragt, der hört es gleich, wie es platscht, und er bleibt stehen und lasst die Kiste herunter, und dann schimpft er furchtbar. Es ist der größte Spaß, mit die Eier schmeißen. Da haben sie uns aber erwischt. Eigentlich haben sie uns nicht erwischt, sondern der Alfons hat uns verschuftet.

Wir haben immer nach der Klasse für den Semmelmaier die Zeitung holen müssen bei einem Zeitungskiosk.

Da ist ein Mann daringesessen, der ist gegen die Knaben sehr grob. Wenn man ein bisschen stark an das Fenster klopft, sagt er, dass man ein Flegel ist und ein Lausbub und eine Rotznase. Das ist gemein. In dem Kiosk ist hinten eine

Türe, aber sonst kann er nirgends heraus. Da ist mir etwas eingefallen, wie man ihn ärgern kann, und ich habe es dem Max gesagt, wie wir es machen. Wir sind hingegangen, und ich habe mich hinten aufgestellt, wo die Tür gewesen ist, und habe ein Ei in der Hand gehabt. Aber der Max ist vorn hingegangen, als ob er die Zeitung verlangt. Er hat mit der Faust an das Fenster hingehaut, dass der Mann ganz wild gewesen ist, und er hat das Fenster aufgerissen. Aber da hat der Max hineingespuckt, dass der Mann im Gesicht nass war. Und er ist ganz geschwind aufgesprungen und ist bei der Tür heraus, dass er ihn erwischt. Aber da habe ich schon gepasst darauf, und wie die Tür aufgegangen ist, habe ich das Ei hingeschmissen, dass es gespritzt ist, und es hat ihn erwischt, und er hat nicht gewusst, ob er mir nachlaufen muss oder dem Max, und wir sind alle zwei davon, bis er es gewusst hat.

Wir sind nicht weit gelaufen und haben die Zeitung wo anders geholt, und dann sind wir heim.

Nach dem Essen ist der Max ins Bett gegangen, und ich auch. Der Alfons ist im Zimmer geblieben, aber ich habe nichts gedacht. Aber wie ich noch nicht eingeschlafen war, ist auf einmal meine Tür aufgegangen, und es war ein Licht da. Ich habe hingeblinzelt, und es war der Semmelmaier und sie. Ich habe aber getan, als wenn ich schlafe, und wie der Semmelmaier auf mich geleuchtet hat, habe ich die Augen nicht aufgemacht. Er hat lange auf mich geleuchtet, und auf einmal hat er gesagt: »Lauspube!«, und er ist gegangen, und bei der Tür ist er stehen geblieben und hat gesagt: »müserabliger!« Und sie hat gesagt: »Ich weiß es ganz gewiss, dass er die Eier von mir gestohlen hat, und jetzt weiß ich, wo immer meine Eier hinkommen.« Am andern

Tag in der Früh haben sie mich in ihr Zimmer gerufen, und der Semmelmaier hat gesagt, ich muss alles gestehen, sonst hat er keine Erbarmnis nicht mehr, und ob ich es gestehen will.

Ich habe gefragt, was.

Sie hat vom Kanapee gerufen: »Lügner!«, und er hat gefragt: »Wie viele Eier hast du gestohlen?«

Ich habe gefragt, wo.

Da hat sie gerufen: »In der Speise aus dem großen Korb.«

Ich habe gesagt, ich habe noch nie kein Ei nicht gestohlen, und ich lasse es mir nicht gefallen, dass man sagt, ich stehle.

Da hat er gefragt, mit was für einem Ei ich den Zeitungsmann geschmissen habe.

Da habe ich gesagt, ich weiß nichts von keinem Zeitungsmann.

Er hat gesagt, so, das muss er aufschreiben. Und er hat in seinem Notizbuch geschrieben und dann hat er es vorgelesen: »Er weiß nichts von keinem Zeitungsmann.«

Dann hat er gefragt, ob ich vielleicht einen Hühnerhof habe.

Ich habe gesagt, ich habe keinen.

Er hat es wieder geschrieben und hat gesagt, man muss jetzt einen Zeugen nehmen. Da hat sie gerufen: »Alfons!« Und der Alfons ist hereingekommen.

Der Semmelmaier hat zu ihm gesagt, dass er ein deutscher Knabe ist, die niemals nicht lügen, und er soll es erzählen. Der Alfons hat auf den Boden geschaut und hat es erzählt, dass ich und der Max zu dem Zeitungsmann sind, und der Max war vorn, und ich war hinten, und auf einmal ist der Mann heraus, und ich habe ein Ei geschmissen. Der

Semmelmaier hat den Bleistift mit der Zunge nass gemacht und hat gefragt, ob der Zeuge vielleicht lügt.

Ich habe gesagt, es ist wahr, dass ich geschmissen habe. Aber ich habe das Ei gekauft, weil mir meine Mutter drei Mark geschickt hat.

Der Semmelmaier hat gelacht, ha ha! Und er hat zu ihr gesagt, dass er die Hälfte schon herausgebracht hat.

Ich habe gesagt, der Max weiß es, weil er dabei war, wie ich das Ei gekauft habe.

Da ist sie gegangen und hat den Max geholt.

Der Semmelmaier hat zu ihm gesagt, der Max ist der Sohn von einem Offizier, und er weiß, dass man erschossen wird, wenn man lügt, und ob er nichts gehört hat von Eier, die geschmissen werden.

Der Max hat gleich gemerkt, dass uns der Alfons verschuftet hat, und er hat gesagt, er weiß es, dass man die Eier schmeißt.

Der Semmelmaier hat es geschrieben, und dann hat er gefragt, wo man die Eier herkriegt.

Der Max hat gesagt, man kauft sie im Milchladen.

Ich habe gesagt, dass der Semmelmaier sagt, ich habe sie gestohlen. Der Max hat gesagt, es ist nicht wahr. Wir haben sie mitsammen gekauft.

Sie hat vom Kanapee gerufen, die Purschen helfen zusammen, und sie weiß es gewiss, dass ich ihr dreißig Eier gestohlen habe.

Der Semmelmaier hat gesagt, man muss ruhig sein, weil er ein Urteil macht, und er hat in seinem Buch geschrieben.

Dann ist er aufgestanden und hat es vorgelesen, dass er noch einmal verzeiht und dem Gymnasium nichts sagt, weil der Max dabei ist, und er ist der Sohn von einem toten

Offizier, der das Schlachtfeld bedeckt hat, aber meine Mutter muss dreißig Eier zahlen, und er schreibt es ihr.

Sie hat gerufen, man muss unerbittlich sein und sie anzeigen.

Aber der Semmelmaier hat den Kopf geschüttelt und hat gesagt, er kann es nicht, weil er immer an den geschossenen Kameraden denkt.

Und dann haben wir hinaus müssen.

Ich habe vor lauter Zorn geweint, weil meine Mutter dreißig Eier zahlen muss, und ich habe gesagt, ich muss den Alfons hauen, bis ich nicht mehr kann.

Der Max hat gesagt, es geht nicht, weil er uns am Gymnasium verschuftet, aber er weiß was gegen den Semmelmaier.

Wir kaufen eine Rakete, und wir lassen sie bei der Nacht im Semmelmaier sein Zimmer hinein. Es muss ein furchtbarer Spaß werden, wenn die Rakete herumfahrt und nicht hinauskann und es tut, als wenn der Feind schießt, und man kann sehen, wie er tapfer ist.

Ich habe den Max gebittet, dass ich die Rakete anzünden darf, und ich kann es nicht mehr erwarten.

Zu dieser Ausgabe

Die Text der vorliegenden Ausgabe folgt:

Gesammelte Werke in sechs Bänden. Erw. Neuausg.: München: Piper, 1968. Bd. 4: Erzählungen II und Satiren. S. 7–69: *Lausbubengeschichten*. S. 71–146: *Tante Frieda*.

Die Orthographie wurde behutsam nach den gültigen amtlichen Rechtschreibregeln modernisiert; die Interpunktion folgt der Druckvorlage.

Die Zeichnungen von Thomas Theodor Heine auf S. 6, 19, 25 und 31 sind erstmals erschienen im *Simplicissimus*, Jg. 6, 1902/03, Heft 34, S. 266, als Illustration zum »Meineid« (hier S. 21–26). Die Illustration auf S. 6 ziert den Einband der Ausgaben von 1905 bis 1935.

Anmerkungen

7,6 *Herrn Rat:* Titel verschiedener Beamter, hier wohl verkürzt für Geheimrat.

11,22 *Cornelius Nepos: Das Leben berühmter Männer:* Cornelius Neops (um 100 – nach 32 v. Chr.), römischer Schriftsteller; sein Hauptwerk *De illustribus viris (Über berühmte Männer)* wurde schon früh im Lateinunterricht wegen der einfachen Sprache benutzt.

11,27 *Epaminondas:* griechischer Feldherr und Staatsmann der Thebaner (um 418 – 362 v. Chr.).

12,5 *Alcibiades:* athenischer Politiker und Feldherr (um 450–404 v. Chr.); galt als skrupelloser Machtmensch.

14,18 *Kriegsschule:* militärische Fachschule für angehende Offiziere. Im Königreich Bayern wurde in München eine eigene Schule (1858–1919) unterhalten.

14,19 *Fähnrichen:* Fähnrich: militärischer Dienstgrad, rangiert nach dem Feldwebel.

15,12 *das Institut:* Mädchenschule, bis zum 15./16. Lebensjahr, dem Ende der Schulausbildung.

16,7 Sacktuch: süddeutsch für Taschentuch.

16,9 *Caesar, De bello gallico:* Gaius Iulius Caesars Schrift *Über den Gallischen Krieg*, eine Standardlektüre im Lateinunterricht.

18,20 *dimittieren:* entlassen.

20,13 *Korpsstudent:* Mitglied einer studentischen Verbindung.

21,13 *Pedell:* Schuldiener, Schulhausmeister.

22,4 *katilinarische Existenz:* heruntergekommener Mensch, benannt nach dem römischen Verschwörer Lucius Sergius Catilina (108–62 v. Chr.).

23,4 f. *dass die Götter den Schweiß vor die Tugend hinstellen:* Geflügeltes Wort von Hesiod (um 700 v. Chr.): »Vor die Tugend haben die Götter den Schweiß gestellt.«

23,31 *Annalen:* chronologisch geordnete Aufzeichnungen.

24,1 f. *herostratische Tat ... Brande des Dianatempels:* Tempel der Diana (griech. Artemis) in Ephesus, eines der Sieben Weltwunder der Antike; Herostrat ließ ihn am 21. Juli 356 v. Chr. in Brand setzen, um dadurch Unsterblichkeit zu erlangen.

26,12 *schrecklichen Folgen des Meineides:* Meineid gilt nach katholischer Lehre als schwere Sünde; hier droht der Religionslehrer mit dem Fegefeuer.

27,25 *Nachthafen:* bayerisch für Nachttopf.

28,6 *Arithmetikaufgabe:* Zahlenaufgabe.

32,27 *Katheder:* erhöhter Sitzstuhl für die Lehrer.

32,28 *Schusterpech:* Pech für den sogenannten Schusterdraht, mit dem rahmengenähte Schuhe hergestellt werden.

33,18 *des heiligen Aloysius:* Ferdinand Gonzagas Sohn (1568–1591), der auf sein Erstgeburtsrecht als Markgraf von Mantua-Castiglione verzichtete, in den Jesuitenorden eintrat, sich strengsten Entbehrungen unterwarf und Pestkranke pflegte. 1726 heiliggesprochen und seit 1729 Schutzheiliger der studierenden Jugend.

34,5 *Hausherr:* die Buben wohnten während der externen Schulzeit in Pension bei Familien.

34,16 *Mühldorf:* westlich von München gelegener Ort.

34,27 *Berg:* wohl die sogenannte Napoleonshöhe in Burghausen, von der aus Napoleon 1809 den Brückenschlag über die Salzach verfolgt haben soll.

35,11 *Studienkirche:* frühbarocke Wandpfeilerkirche St. Josef (1630/31) in Burghausen (etwa 30 km von Mühldorf gelegen), wo Thoma 1877/78 die Studienanstalt besuchte, »sein Religionslehrer Prof. Faltermeier [eigtl. Prof. Falkenberg], ein Vorbild für die Figur des ›Kindlein‹«, vgl. Lemp 1994, S. 15).

35,28 *dritte Konjugation:* im Lateinischen die sogenannte konsonantische (e-)Konjugation, die viele unregelmäßige Formen im Perfekt aufweist.

36,21 *Salzach:* Fluss bei Burghausen.

37,6 *Sternbräu:* beliebter bayerischer Wirtshausname.

38,3 *Expeditor:* Ab- und Ausfertiger bei der Post.

39,26 *Feldwebel:* militärischer Dienstgrad; 1. Unteroffizier der Kompanie in der Infanterie.

39,26 *Krieg:* Deutsch-Französischer Krieg, 1870/71.

42,2 *Vakanz:* Ferien.

43,18 *Geheimrat:* verkürzter Beamtentitel (z. B. Geheimer Regierungsrat); ursprünglich »Besorger vertraulicher Geschäfte«.

45,3 *Kolimitonen:* richtig: Kommilitonen, Mitschüler.

47,21 *Tafel … Griffel:* Schreibgerät aus Schiefer zur Beschriftung von Schiefertafeln, wie in Volksschulen üblich, weil sich das Geschriebene mit Schwämmchen wieder entfernen lässt.

51,15 *Liedertafel:* Männergesangverein.

52,16 *nicht präpariert:* nicht vorbereitet.

53,5 *Kanapee:* Sofa.

55,20 f. *Locken gebrannt:* mit einer erhitzten sogenannten Brennschere ließen sich Locken drehen.

56,16 f. *Granatschmuck:* Granat: rotbrauner, glänzender Edelstein.

57,6 *Zollrat:* höherer Rang beim Zoll.

63,2 *Gallia est omnis divisa in partes tres:* »Gallien zerfällt in seiner Gesamtheit in drei Teile«; der erste Satz aus Caesars *De bello Gallico.*

63,13 *Märzenbier:* Märzen: im März gebrautes, obergäriges Bier.

65,7–10 *dorischen Dialekt … der attische … altjonischen:* altgriechischer Dialekt, vom Stamm der Dorier gesprochen, der sich vom attischen, der klassischen Form des Altgriechischen, durch zahlreiche Abweichungen unterscheidet. Der altionische, auch episch-ionische Dialekt wurde als Dichtersprache durch Homer u. a. ausgebildet.

66,29 *Aristoteles:* 384–322 v. Chr.; neben Platon der bedeutendste und folgenreichste Philosoph der Antike, der im 4. Kapitel seiner *Poetik* vom kindlichen Nachahmungstrieb spricht.

70,6 *der heilige Ignatius:* Ignatius von Loyola (1491–1556), Begründer des Jesuitenordens, empfahl in seinen *Geistlichen Übungen* die tägliche Gewissenerforschung.

70,17–19 *das Seelenbad … heiligen Antonius:* religiöser Begriff. »Die Tauffe ist ein Seelbad« (Andreas Lang, *Von der Seligkeit*, Klagenfurt 1583, S. 290). Hier wohl eine Sammlung von Heiligengeschichten zum Sakrament der Firmung und zum Abwaschen aller Sünden. Antonius von Padua (1188–1231), aus portugiesischem Adel, mitreißender Prediger, um den sich zahlreiche Legenden ranken, 1232 heiliggesprochen.

75,5 f. *Juchtenleder:* in besonderer Weise gegerbtes, wasserdichtes, teures Leder.

75,6 *viel Gerstl:* bayerisch für viel Geld.

75,25 *Zwicker:* eigentlich bügellose Brille, die auf den Nasenrücken geklemmt wird, hier mit Griff, eine sogenannte Lorgnette.

76,10–12 *hundertzehn Mark ... fünfunddreißig Taler:* Der preußische Sommerfrischler, wohl ein Bankier, rechnet um in die Geldwährung, nach der eine Bank rechnet und zahlt; im Deutschen Reich meist die Hamburger Bankwährung: 1 Taler Banco = 3 Mark Banco (1874).

76,20 *Pumphose:* weite, wollene bis zum Knie reichende Hose, die dort mit Bändern geschlossen wird.

76,21 *Instruktor:* ein Hauslehrer bei höheren Herrschaften.

80,24 *Admiral:* Befehlshaber, höchster militärischer Rang bei der Marine.

81,11 *Speiteufel:* Feuerwerkskörper, aus angefeuchtetem, teigig geknetetem Pulver.

81,28 *Dampfschiff aufgedreht:* das Uhrwerk.

82,7 *Achterdeck:* Hinterdeck.

83,11 *Watschen:* bayerisch für Ohrfeige.

86,24 *Rauchcoupé:* Abteil, in dem geraucht werden darf.

86,27 *Uhrkette ... silbernes Pferd:* Taschenuhr-Sicherungskette, fixiert am Knopfloch der Weste. Die Uhr wurde in die Westentasche gesteckt. Am sichtbaren Teil der Kette ließ sich verschiedener Schmuckzierrat befestigen, sogenannte Berlocken.

86,31 *Landrat:* Mitglied des Landrats, im Königreich Bayern die politische Vertretung der Kreisgemeinden.

88,21 f. *Konduktör:* Kondukteur, Schaffner.

91,20 *Endorf:* 1860 an die Bahnstrecke Rosenheim – Salzburg angeschlossen.

91,20 f. *meine Station:* auf Endorf folgt Prien am Chiemsee; dort hatte Thomas Mutter ab 1874 den Gasthof »Zur Kampenwand« gepachtet.

100,21 *Stranitze:* bayerisch für spitz zulaufende Papiertüte.

101,25 *Schimnasium:* richtig: Gymnasium.

102,14 *Assessor:* Beisitzer eines Gerichts, der die zweite juristische Staatsprüfung bestanden hat.

103,4–7 *Student ... Mütze ... Säbel ... Fackelzug:* uniformierte Umzüge zählen zum Brauchtum studentischer Verbindungen.

110,16 *Erding:* altbayerische Stadt, nordöstlich von München und südwestlich von Landshut.

110,18 *Ansbach:* fränkische Stadt in Bayern.

113,1 *Kanzlei:* Amtsstube.

118,16 *Stadtplatz:* der einzigartige Platz in der mittelalterlichen Landsberger Altstadt mit dreieckigem Grundriss.

118,20 *Apothekerprovisor:* Provisor: Vorsteher, Verwalter.

118,24 *Bärenzucker:* Lakritz.

118,30 *Prinzipal:* Vorgesetzter.

123,15 *»Bleibe im Lande und nähre dich redlich!«:* Psalm 37,3; geflügeltes Wort.

123,16 *geschnupft:* Schnupftabak wird als Prise vom Rücken der gestreckten linken Hand langsam eingezogen, so dass das Nikotin über die Nasenschleimhaut wirken kann.

125,21 f. *Weilbach:* Ort im bayerischen Teil des Odenwalds, nordwestlich von München.

128,2 f. *Kollerbrauerei:* Braustätte, das sogenannte Kollerbräu, in der unteren Altstadt von Landshut, benannt nach Braumeister Franz Koller.

128,27 *repetieren:* wiederholen.

130,6 *Quart Bier:* ein Viertelliter.

134,3 f. *»Ach, wie ist's möglich … kann!«:* »Ach, wie ist's möglich dann, / Dass ich dich lassen kann«; Text eines Volkslieds aus dem Thüringer Wald, umgeformt von Wilhelmine von Chezy (1824); Melodie: Wilhelm Kücken (1827); durch den 4-stimmigen Männerchorsatz von Friedrich Silcher (1827) wurde das Lied populär.

134,22 f. *»Ännchen von Tharau ist, die mir gefällt«:* »Sie ist mein Leben, mein Gut und Geld«; Text wohl von Simon Dach (1636, veröffentlicht 1642) im samländischen Dialekt, ins Hochdeutsche gebracht von Johann Gottfried Herder (1778). Die Melodie stammt aus einem 4-stimmigen Männerchor (1827) von Friedrich Silcher. Eines der beliebtesten, mehrfach vertonten Lieder im 19. und 20. Jahrhundert.

134,30 *»Schlahaf wohl«:* »… du Himmelsknabe du, / Schlaf wohl, du süßes Kind«; beliebtes, nicht nur auf Weihnachten bezogenes Wiegenlied; Text: Christian Daniel Schubart (1786); Melodie: Carl Neuner (um 1810), Heinrich Reimann (1895) u. a.

143,21–23 *langen Gasse ... Landsberger Tor:* wohl die schmale Hintere Mühlgasse, die auf das Bäckertor im bayerischen Landsberg zuläuft.

147,17 *gesungen, wer den schönen Wald gebaut hat:* »Wer hat dich, du schöner Wald / Aufgebaut so hoch da droben?«; Text: Joseph von Eichendorff (*Der Jäger Abschied*, 1810); Melodie: Felix Mendelssohn Bartholdy (1839).

147,20 *Mädle ruck, ruck, ruck!:* »Mädel ruck, ruck, ruck an meine grüne Seite / I hab di gar so gern, i kann di leide«; alte schwäbische Volksweise, als Volksliedklassiker auch »schwäbische Nationalhymne« genannt, von Friedrich Silcher überarbeitet und 1836 veröffentlicht, vermehrt um zwei Stophen von Heinrich Wagner.

149,24 *Bieruhr:* kleiner Anzeiger in Uhrform, mit der die Anzahl der getrunkenen Gläser Bier mit einem Zeiger fixiert wird.

151,8 *Menascherie:* lautmalerisch für Menagerie; Tiergarten, Zoo.

151,13 f. *Prinzregenten sein Geburtstag:* Prinzregent: Reichsverweser aus einem Herrscherhaus.

151,17 f. *ein rundes Glas in ein Auge steckt:* sogenanntes Monokel, das anstelle einer Brille bei Bedarf vor ein Auge geklemmt wird, was als Zeichen äußerster Vornehmheit galt.

152,30 *gepispert:* geflüstert.

152,31 *die Federn gezittert:* der Federschmuck auf der Kopfbedeckung.

153,6 *Fransäß:* lautmalerisch für Française; ein munterer französischer Tanz im 6/8-Takt.

153,7 *Wisawi:* lautmalerisch für Visavis; Gegenüber.

153,29 *Bongbong:* lautmalerisch für Bonbon.

165,20 *Heimat der Braminen:* Brahmanen: vornehmste indische Kaste.

167,17 *Zeitlang haben:* Sehnsucht haben.

168,10 *Billet:* (frz.) Fahrkarte.

176,4 *Bahnhof:* Landsberg, seit 1872 Endbahnhof, ab 1886 Durchgangsbahnhof (zu den irritierenden Ortsangaben vgl. das Nachwort, S. 218).

177,7 *Zug von der nächsten Station abgeläutet:* Läutzeichen, das die Ankunft des Zuges nach erfolgter Abfahrt von der Station davor signalisiert.

178,3 *Weberberg:* bei Bischofsreut im Bayerischen Wald, was aber nicht zu Landsberg passt.

180,1 *Hauptmann:* militärischer Dienstgrad, nach dem Leutnant; Führer einer Kompanie (Truppenabteilung).

180,5 *Guwernante:* lautmalerisch für Gouvernante, Erzieherin.

180,11 f. *in die Stadt ... Herrenstraße:* möglicherweise München und die dortige Herrnstraße. Thoma besuchte 1879–85 das altsprachliche Königliche Wilhelmsgymnasium, wohnte allerdings in einer anderen Straße in Pension beim königlichen Professor a. D. Hubert Merk, der als Vorbild für Hauptmann Semmelmaier diente (vgl. Lemp 1994, S. 15).

180,19 *Schandarm:* lautmalerisch für Gendarm; bewaffneter Schutzmann.

182,5 f. *König ... Schlachtfeld von Wörth:* Ludwig II., König von Bayern (1845–1886); siegreiche Schlacht am 6. August 1870 im Deutsch-Französischen Krieg in der Nähe von Wörth im Unterelsass, an der zwei bayerische Armeekorps teilnahmen.

183,20 f. *zwei Baron:* Baron, Adelstitel, Freiherr.

190,14 *Brennsuppe:* einfache (Fasten-)Suppe aus angeschwitztem Mehl und Wasser oder Milch.

190,16 *Spartaner:* Einwohner des antiken Sparta, der sich durch Entsagung und härteste Körperertüchtigung auszeichnet.

Literaturhinweise

Ausgaben

Lausbubengeschichten. Aus meiner Jugendzeit. München: Albert Langen, 1905.

Tante Frieda. Neue Lausbubengeschichten. Mit Zeichn. von Olaf Gulbransson. München: Albert Langen, 1907.

Gesammelte Werke in sechs Bänden. Erw. Neuausg. München: Piper, 1968. Bd. 1: Erinnerungen. S. 57–236. – Bd. 4: Erzählungen II und Satiren. [Darin: S. 7–69: *Lausbubengeschichten*; S. 71–146: *Tante Frieda*.]

Tante Frieda. Neue Lausbubengeschichten. Mit 41 Zeichn. von Olaf Gulbransson. Textrev. und Nachw. von Bernhard Gajek. München [u. a.]: Piper, 1985. (Werke in Einzelausgaben.)

Lausbubengeschichten. Aus meiner Jugendzeit. Mit Zeichn. von Olaf Gulbransson. Textrev. und Nachw. von Bernhard Gajek. München [u. a.]: Piper, 1989. (Werke in Einzelausgaben.)

Ein Leben in Briefen (1875–1921). [Hrsg. von Anton Keller.] München: Piper, 1963.

Sämtliche Beiträge aus dem *Miesbacher Anzeiger* 1920/21. Krit. ed. und komm. von Wilhelm Volkert. München [u. a.]: Piper, 1989. (Werke in Einzelausgaben.) – *Eine hervorragende Edition, die eine Zäsur im Thoma-Bild setzte. Als Reaktion hat die Stadt München auf die Vergabe der seit 1967 verliehenen kulturellen »Ludwig-Thoma-Medaille« verzichtet.*

Weiterführende Literatur

[anonym:] Tagebuch eines bösen Buben. Aus dem Engl. von J. Botstiber. Leipzig 1892. – *»Die erste Anregung [zu den »Lausbubengeschichten«] gab ihm wohl das amerikanische Tagebuch eines bösen Buben«, verrät Josef Hofmiller, einer der engsten Freunde von Thoma und deshalb glaubhaft, in seiner Einleitung zu »Ludwig Thoma* *für die Jugend«, München 1930, S. 11. »A Bad Boy's Diary« erschien 1880 anonym, wurde in mehrere Sprachen übersetzt und erlebte zahlreiche Auflagen, zuletzt als Reprint (2018). Die amerikanische Verfasserin: Metta Victoria Fuller Victor (1831–1886), die unter verschiedenen Pseudonymen u. a. über 100 Groschenromane schrieb. 1964 erschien das Tagebuch, ebenfalls anonym, im Rowohlt Verlag mit 143 Vignetten von Eugen Osswald in einer gekürzten Neubearbeitung von Kurt Kusenberg, in der z. B. alle Schreibfehler getilgt sind. Lesenswert sein Nachwort: »Der Lausbub« (S. 148–153).*

Friedell, Egon: Büberei. In: Wozu das Theater? Essays, Satiren, Humoresken. München 1969. S. 218–222. – *Blendende Nobilitierung der Lausbubenspezies.*

Gajek, Bernhard: Nachwort. In: Ludwig Thoma: Lausbubengeschichten. Aus meiner Jugendzeit. Mit Zeichn. von Olaf Gulbransson. Textrev. und Nachw. von B. G. München [u. a.]: Piper, 1989. (Werke in Einzelausgaben.) S. 105–195. – *Der beste Thoma-Kenner.*

– Nachwort. In: Ludwig Thoma: Tante Frieda. Neue Lausbubengeschichten. Mit 41 Zeichn. von Olaf Gulbransson. Textrev. und Nachw. von Bernhard Gajek. München [u. a]: Piper, 1985. (Werke in Einzelausgaben.) S. 103–151.

– Ludwig Thoma (1867–1921). Antisemitismus – Philosemitismus. Ein Beitrag. In: Freunde der Monacensia e. V. – Jahrbuch 2012. Hrsg. von Waldemar Fromm [u. a.]. München 2012. S. 132–165.

Gregor-Dellin, Martin (Hrsg.): Deutsche Schulzeit. Erinnerungen und Erzählungen aus drei Jahrhunderten. München 1979. – *Umfangreiche, schöne Anthologie mit instruktivem Vorwort, (S. 7–32).*

Key, Ellen: Das Jahrhundert des Kindes. Königstein i. Ts. 1978. [Nachdr. der dt. Erstausg. Berlin 1902; autorisierte Übers. aus dem Schwed. von Francis Maro. – Orig.-Ausg. Stockholm 1900.]

Klaus, Martin A.: Ludwig Thoma. Ein erdichtetes Leben. München 2016. – *Bietet nützliche Informationen und Abschnitte; zu den methodischen Mängeln ausführlich und kenntnisreich: Michael Pilz, »Eine erdichtete Biographie?«, in: www.literaturkritik.de*

Landauer, Gustav: Selbstmord der Jugend. In: G. L.: Zwang und Befreiung. Eine Auswahl aus seinem Werk. Hrsg. von Hans-Joachim Heydorn. Köln 1968. S. 227–232.

Lemp, Richard: Ludwig Thoma. Bilder, Dokumente, Materialien zu Leben und Werk. München 1994. – *Standardwerk des Leiters der Handschriftenabteilung und Betreuers des Thoma-Archivs in der Stadtbibliothek München.*

Mix, York-Gothart: Die Schulen der Nation. Bildungskritik in der Literatur der Moderne. Stuttgart [u. a.] 1995. – *Die beste Darstellung zum Thema Literatur und Schule um 1900.*

Prause, Gerhard: Genies in der Schule. Legende und Wahrheit über den Erfolg im Leben. Düsseldorf [u. a.] 1974.

Rösch, Gertrud Maria: Ludwig Thoma. Der zornige Literat. Regensburg 2012. (kleine bayerische biografien. Hrsg. von Thomas Götz.) – *Die beste kompakte Gesamtdarstellung.*

Rutschky, Katharina (Hrsg.): Schwarze Pädagogik. Quellen zur Naturgeschichte der bürgerlichen Erziehung. Frankfurt a. M. [u. a.] 1977. – *Standardwerk.*

Schad, Martha: Ludwig Thoma und die Frauen. Regensburg 1995. – *Ausgezeichnete Studie.*

Schmitz, Walter: Nachwort. In: Ludwig Thoma: Lausbubengeschichten. Tante Frieda. Stuttgart 1993. (Reclams Universal-Bibliothek. 8883.) S. 217–242. – *Lesenswert, auch weil breit angelegt.*

Nachwort

Ludwig Thomas *Lausbubengeschichten*. Eine Irritation

> »Ich habe erkannt, daß die Menschen überhaupt nur in zwei Gruppen zerfallen: in Lausbuben und sogenannte ›ernste Menschen‹, oder … in ›Samumisten‹, das heißt: Menschen, die wie Samum wirken, indem sie alles Lebendige im Keime ersticken. Lehrer … sind meistens Samumisten … Künstler dagegen sind immer Lausbuben …«
>
> Egon Friedell, *Büberei*, S. 218

Irritation meint zweierlei: den Text und den Autor. Den Text, der wie ein von Thoma geliebter »Pulverfrosch« (S. 32, 44 u. ö.) antiautoritär und belebend in die schwermütig-verhangene Jugendliteratur um 1900 knallt, und dessen Autor, der 1920/21 autoritär und anonym zu Totschlag und Mord der politischen Gegner aufhetzt.

Um 1900

Das Jahrhundert des Kindes (1900, dt. 1902) soll es werden: ein Paradigmenwechsel steht an. Die schwedische Reformpädagogin Ellen Key geißelt in ihrem heiß diskutierten Bestseller die »pädagogischen Verbrechen« (Key 1978, S. 49) und »Seelenmorde« (S. 95) in Elternhaus und Schule, nimmt mit radikalen Forderungen Partei für die Jugendlichen. Ihr Motto lautet: »Lasst uns die Kinder leben lassen!« (S. 112) Sigmund Freud schockiert in den *Drei Abhandlungen zur Sexualtheorie* (1905) mit seinen folgenreichen Erkenntnissen über die frühkindliche, »polymorph-perverse« Sexualität. Die Anfänge der Jugendbewegung als Lebensreform fallen in diesen Zeitabschnitt und als Stilrichtung der Jugendstil. Kinder und Jugendliche, als Einzelne oder als Gruppen, werden als Hauptfiguren literaturfähig. Ihr Anspruch auf eine Eigenwelt, gleichwertig, anders oder besser als die der Erwachsenen, wird verteidigt; der Literat wird Anwalt des Kindes, dessen Perspektive er sich zu eigen macht. Themen sind: der Generationenkonflikt zwischen den Jugendlichen und den Erwachsenen, das Verhältnis zwischen Jungen und Mädchen, der Erziehungsdrill von Elternhaus und Schulkaserne, die seelischen Nöte und Qualen des empfindsamen und ungehorsamen Kindes, der durchreglementierte, mit Geboten und Strafen versehene Alltag, in dem jeder kindliche Lebenstrieb ab- und ausgetrieben werden soll. Vor allem wenn er in die Tabuzonen sexuellen Begehrens »abirrt«, woran es aber der eingebläute Gehorsam nicht hindert, schwankt es doch, schlechten Gewissens, zwischen Aufmüpfigkeit und Unterwerfung, Euphorie und Schwermut, bis es gar selbst, freiwillig oder unfreiwillig, unterm Rasen liegt. Der rasche Tod der Jugendlichen erspart dem Autor den Entwicklungs- und Bildungsroman, wie er seit dem späten 18. Jahrhundert erzählt wird.

Medium

Erstdrucke von zehn der insgesamt zwölf *Lausbubengeschichten* finden sich verstreut im *Simplicissimus* von 1902 bis 1904, der seit 1896 erscheinenden satirischen »Illustrirten Wochenschrift«, deren Autor und Redakteur Thoma ist und für die er insgesamt 832 Beiträge schreibt (Lemp 1994, S. 18); die restlichen zwei (»In den Ferien, »Der vornehme Knabe«) in der Wiener *Neuen Freien Presse*, einer Tageszeitung fürs liberale Bürgertum. Der *Simplicissimus* kläfft und beißt zu, hält sich eine knallrote, zähnefletschende Bulldogge, losgerissen von schwerer Kette, als sinnfälliges Wappentier, knurrt die Mächtigen mächtig an und verbeißt sich lustvoll in Kämpfe mit der Zensur, Verboten wegen Majestäts- und anderen Beleidigungen. Was nicht verboten wird, zu Geld- und Haftstrafen führt, taugt nicht die Druckerfarbe, und Anstoßnehmer stoßen den Absatz an. Thoma ist in verschiedene Prozesse verstrickt, muss 1906 für sechs Wochen in Haft. Dieses skandalisierende und skandalisierte Medium, das sich gegen Staat, Justiz, Kirche und Militär allwöchentlich auflehnt, bietet das passende Umfeld für die aufmüpfigen *Lausbubengeschichten*.

Thoma ist 1906 aber nicht nur durch seine Arbeiten für den »Simpl« und seine Prozesse ein bekannter Autor, weit über Bayern hinaus, im Hochdeutschen wie der geliebten bayerischen Mundart zu Hause. Gedruckt liegen schon vor:

Bibliophile Ausgabe der *Lausbubengeschichten* von 1000 nummerierten Exemplaren in Oktavformat auf Hadernpapier von J. W. Zanders gedruckt (1914, 168 S.), mit Kopfgoldschnitt, geprägtem Rückenschild und Lesebändchen, gesetzt in Unger Fraktur und in Leder gebunden von E. A. Enders in Leipzig, mit Schutzumschlag und einem mit farbigen Ornamenten versehenen Pappschuber. Eine preiswertere, auch auf 1000 nummerierte Exemplare begrenzte Ausgabe in Halbleder wurde ebenfalls aufgelegt.

Ludwig Thoma

Lausbubengeschichten

50. Tausend

Jubiläums-Ausgabe

In Leder 15 Mark

Ohne diesen Schutzkarton wird kein Exemplar zurückgenommen

Albert Langen, München

drei vielgespielte Komödien, Bauern-, Jagd- und andere Geschichten und seine zeitkritischen Gedichte aus dem *Simplicissimus.*

1905 erscheint die Buchausgabe der *Lausbubengeschichten. Aus meiner Jugendzeit.* Thoma ändert dafür die Reihenfolge der Erstdrucke, außer bei der ersten, vorletzten und letzten Geschichte. Sie sind nicht als Ganzes angelegt, müssen episodisch in sich und für sich verständlich sein. Ihre Anordnung gerät beliebig, noch andere Umgruppierungen sind möglich (wie in den Ausgaben nach 1935). Die Umstände der Entstehung und die additive und variable Geschichtenabfolge führen bisweilen zu verwirrenden Brüchen in der Chronologie, was etwa die Klassenstufen und damit auch das Alter wie das personale und räumliche Umfeld des erzählenden Ichs angeht: In der ersten Geschichte ist Ludwig in der vierten Klasse (S. 11), in der sechsten Geschichte, (»In den Ferien«) noch in der ersten (S. 43). Alter und Klassenstufe bleiben auch sonst eher unklar, Ortsbezeichnungen gibt es kaum welche.

Damit die addierten Episoden nicht zerfallen, braucht es integrative Klammern: etwa personale wie Familie, Verwandte, Freunde, Nachbarn, Lehrer; räumliche wie Orte, Haus und Schule, dazu ähnliche Konflikte und Reaktionen und einen gleichbleibenden Erzählstil und -ton mit Wiedererkennungswert, der die stärkste Bindewirkung entfaltet.

Fazit: Der notwendig beschränkte Textraum des *Simplicissimus* zwingt Thoma zu einer konzentrierten Darstellung, prägt Umfang und Machart der Geschichten, die voneinander profitieren und sich in ihren satirischen Effekten potenzieren.

Tante Frieda wiederum wird mit fünf der insgesamt sechs Geschichten allein in der Wiener *Neuen Freien Presse* 1905 bis 1906 vorabgedruckt; die Buchausgabe erscheint 1907. Die Anzahl dieser *Neuen Lausbubengeschichten* wird gegenüber den alten halbiert und der Umfang verdoppelt. Lediglich die erste und die letzte Geschichte, »Tante Frieda« und »Der Semmelmaier« lösen den Untertitel ein, die anderen vier um Cora, immerhin zwei Drittel des Bandes, sind keine Lausbubengeschichten, sondern sie erzählen, weitschweifiger und zusammenhängend, plötzlich psychologisierend, verschlüsselt, berührend und stolz von Maria Trinidad de la Rosa aus Manila auf den Philippinen, die Thoma 1907 geheiratet hat (in Cora hallt das la Rosa noch nach). Auch der Haupttitel täuscht, ist wohl nur gesetzt, weil das Tanten-Monster in den alten *Lausbubengeschichten* mehrfach gewütet hat, somit bekannt ist. Allein in der ersten Geschichte taucht sie auf, dann aber schon endgültig ab, auch wenn sie das breite Figuren-Ensemble der vierten Geschichte, »Waldfest«, die immerhin ein Viertel des Buchs einnimmt, bereichert hätte.

Fazit: Die neuen Geschichten brechen im Cora-Kern mit den alten, die nur noch als Schale dienen, eröffnen aber auch tiefere Dimensionen.

Ob die Geschichten insgesamt »in Form und Humoribus ziemlich viel besser als die ersten« sind, wie Thoma meint, sei dahingestellt (Brief an Ludwig Ganghofer, 22. August 1906, zit. nach: Thoma, *Ein Leben in Briefen*, S. 189). Nimmt man die Auflagenhöhe als (gewiss auch strittiges) Kriterium, dann fällt das Urteil eindeutig aus. Von den *Lausbubengeschichten* wurden bis 1922 insgesamt 100 000 Exemplare gedruckt, von *Tante Frieda* 70 000; 1942 lag die Ge-

LUDWIG THOMA

Tante Frieda

Neue Lausbubengeschichten

DR. GOEBBELS-SPENDE

für die deutsche Wehrmacht

samtauflage bei den *Lausbubengeschichten* bereits bei 240 000 Exemplaren (der Verkauf wurde sicher befördert durch die Illustrationen von Gulbransson, die erst seit 1935 vorliegen), 1940 bei *Tante Frieda* bei 110 000. Sonderausgaben wurden überdies aufgelegt (vgl. Abbildungen).

Alte und neue Lausbubengeschichten sind, nach 1945 auch in der BRD und DDR gemeinsam in einem Band gedruckt, bis heute ein Steadyseller, potenziert durch die filmische Adaption (1964; Regie: Helmut Käutner) und Hörbücher.

Ich

Der Untertitel *Aus meiner Jugendzeit* könnte dazu verleiten, die Geschichten streng autobiographisch zu verstehen, zumal das erzählende Ich als »Ludwig« und »Thoma« mehrfach situiert wird (und in den späten Illustrationen von Gulbransson auch so aussieht wie der Autor, nicht aber auf

---

Broschierte, feldgraue, zweispaltig gedruckte Massenausgabe der *Tante Frieda*, ohne Illustrationen (1940, 40 S.). Die alten und neuen illustrierten *Lausbubengeschichten* wurden in einem Band als »Sonderdruck für die Luftwaffe« aufgelegt (127 und 158 S.; Langen/Müller Verlag, um 1940), Oktavformat, Halbleinen, auf dem blauen Einband das Emblem (fliegender Adler mit Hakenkreuz in den Krallen), rot aufgeprägt. 1942 erschienen die 12 illustrierten *Lausbubengeschichten* als Taschenbuch des Teichert Verlags zu Leipzig (Bd. 130), mit einem dreisprachigen Klappentext (deutsch, französisch, englisch [sic]) und dem Vermerk auf dem Schutzumschlag: »Nur zum Verkauf außerhalb Großdeutschlands«, der für die Auflage 1943 überdruckt wurde.

dem Titelblatt von Thomas Theodor Heine für die Ausgaben bis 1935). Schon die früheste und erste Geschichte, »Gretchen Vollbeck«, fixiert das Verhältnis einer erzählten Vergangenheit zur Gegenwart des Erzählers: »Ich hatte damals, wie heute, kein Verständnis dafür« (S. 7). Gleicht man aber die Geschichten mit Thomas späteren, verklärend inszenierten *Erinnerungen* von 1919 ab und misst sie an den biographischen Fakten, dann zeigt es sich, dass eher wenige Schnittmengen vorhanden sind. Gewiss ist der Vater Max Thoma Oberförster und früh gestorben, gewiss muss die Witwe Katharina unter materiellen Entbehrungen sich und die Kinder durchbringen. Doch es sind keine drei Kinder wie erzählt (Ludwig, Marie und Ännchen), sondern sieben! Die faktuale Mutter pachtet und bewirtschaftet in Thomas Schulzeit einen Gasthof in Prien, später in Traunstein, die fiktionale geht keiner Erwerbstätigkeit nach. Der fehlende Vater erfordert zwingend einen Vormund, den es in den Geschichten nicht gibt. Alle Schwestern sind zu Ludwigs Schulzeit unverheiratet, das Baby gibt's nur auf Papier. Zweimal muss Thoma eine Klasse wiederholen, erzählt wird davon nicht. Besuchte Schulen bleiben ungenannt, mögliche Ortsangaben möglichst ausgespart und widersprüchlich obendrein: Weilbach (S. 125), die Kollerbrauerei in Landshut (S. 128), das Landsberger Tor (S. 143) und der Weberberg (S. 178) passen in den Cora-Geschichten, die an einem einzigen Ort spielen, geographisch nicht zusammen). Thoma gibt sich als Verteidiger der humanistischen Schulbildung, scheint begeistert von Homer und der *Odyssee* im griechischen Original (*Erinnerungen*, in: *Gesammelte Werke*, Bd. 1, S. 95 f.), in den Geschichten attackiert er das Schulsystem, und zum Griechischen und Lateinischen nur so viel: »wenn man es kennt, ist es ekelhaft« (S. 159).

Sicher kann man über Bezüge von faktualen Personen und fiktionalen Figuren erhellend spekulieren (vgl. die Nachworte von Gajek, 1985 und 1989), doch braucht man solche Informationen nicht unbedingt. Wenn ein Text nur mit eingeimpften biographischen Fußnoten funktioniert, dann taugt er nichts, muss er doch für sich stehen können. Dieses Kriterium lösen Thomas Geschichten mit ihrer Erzählökonomie ein: Es sind fiktional inszenierte, satirisch zugespitzte, im Lapidarstil erzählte episodische Jugenderinnerungen, in die faktuale Elemente eingegangen sind, die aus personalen, räumlichen, zeitlichen und thematischen Verdichtungen, Verschiebungen, Verschmelzungen und Verrätselungen bestehen.

»Ruchloser Lauspube« (S. 44) und berühmter Schriftsteller: Das Missverständnis, hier werde autobiographisch erzählt, verleitet zu der Genugtuung, dass es selbst einem faulen Flegel, dem eine Verbrecherlaufbahn prophezeit wurde, gelingen kann, ein berühmter Mann wie Thoma zu werden, der sich einreiht in die lange Liste von sogenannten Schulversagern, die später zu Ruhm gelangten (Prause 1974, S. 47 ff. und 251 ff.).

Lausbuben

Seit der Aufklärung Mitte des 18. Jahrhunderts mehren sich die pädagogischen Konzepte, wie Kinder und Jugendliche richtig zu erziehen seien, und eine schwarze Pädagogik wetteifert darin, ein Instrumentarium aus Geboten, Verboten, Drohungen und Strafen zur Verhaltensnormierung auszusinnen (vgl. Rutschky 1977). Literaturfähig werden die Auffälligen und Aufmüpfigen als Hauptfiguren erst ab Mitte des 19. Jahrhunderts. Es treten vor, etwa: Der »böse Friederich« und die »schwarzen Buben« aus Heinrich Hoffmanns *Struwwelpeter* (1845), die stante pede für ihre Bübereien büßen müssen (wie alle übrigen für ihre Taten ebendort). Wilhelm Buschs *Max und Moritz* mit ihren Streichen kannte Thoma auswendig (doch erst, »wehe, wehe!«, im Finale werden die beiden zerschrotet). Wilhelm Buschs *Fromme Helene* findet Eingang (u.a. mit dem Brandsatz am Katzenschweif im 7. Kapitel!) wie auch andere Busch-Männchen (z. B. *Diogenes und die bösen Buben von Korinth*, die plattgewalzt werden; *Der Wurstdieb*, der, erfroren, zerbirst). Der Schüler Wilhelm Rumpf, der »größte Taugenichts der Klasse« aus Ernst Ecksteins populärer Humoreske *Der Besuch im Carcer* (1875), trickst den Direktor in den Carcer, dem er selbst entflieht; die Strafe für die Schmach bleibt aus, weil beide einen Deal schließen. Georg Hacker (»Schorschi«), ein Kind-Terrorist, aus dem witzig-unglaublichen *Tagebuch eines bösen Buben* (anonym, 1892) in orthographischer Kindersprache, war wohl die heißeste Quelle für Thoma. Er ist ein Bruder in Knallkörper und Geist: ein Menschen- und Tierquäler, den Schwestern ein Heiratshintertreiber, der täglich beteuert, ab morgen ein besserer Mensch zu werden, heimwehgeplagt von Orts- und Schulwechseln, missverstanden von den Erwachsenen. Sein Lebensmotto lautet: »Rache is siß« (ebd., S. 48), und die Eltern müssen blechen und für die Schäden aufkommen wie Ludwigs Mutter auch (S. 45, 70, 197). Aber letztlich ist Schorschi von anderem Kaliber als Ludwig, der zwar auch das wilhelminische Kriegsschiff »Preußen« pulverisiert, aber bloß als Spielzeug: eine Eisenbahnbrücke wird gesprengt, später ein Güterzug zerstört, eine Stadt terrorisiert und das Baby seiner Schwester ins abschussbereite Kanonerohr gestopft, wohingegen Ludwig es nur »dumm« (S. 62) findet … »Tante Betsey wahr zur Hochzeit gekommen, trotzdem sie so bös war« (ebd., S. 42), das klingt schon ganz nach Tante Frieda. Und schließlich gehörten auch Mark Twains *Tom Sawyer* und *Huckleberry Finn* (Orig.-Ausg. und dt. Übers. 1876 bzw. 1884 und 1890) zur Bande der Lausbuben, gewiss die großartigsten und komplexesten Figuren.

Hier reiht sich Ludwig ein und bereichert diese Tradition. *Der Besuch im Carcer* und *Das Tagebuch eines bösen Buben* erschienen auch im Reclam Verlag, dem Thoma seit seiner Studienzeit durch den »reichlichen Ankauf von Reclambüchern« verbunden war (*Erinnerungen*, in: *Gesammelte Werke*, Bd. 1, S. 98).

Zerbrochene

Aggressionen von Lausbuben richten sich offen nach außen, Aggressionen von Empfindsamen kehren sich nach innen, führen schließlich zur tödlichen Selbstzerstörung, lassen sich verstehen als verdeckte Anklage und Appell an die feindliche Welt der Erwachsenen. Es treten ab, etwa: Moritz Stiefel und Wendla Bergmann in Wedekinds Drama *Frühlings Erwachen. Eine Kindertragödie* (1891). Moritz schießt sich das Hirn in die Weiden, um in der Schule nicht durchzufallen; Wendla wird das Opfer einer verpfuschten

Abtreibung. Der kleine Lewin und der kleine Jonathan Grule in Arno Holz' Erzählung *Der erste Schultag* (1889) durchleben einen Horrortripp: Lewin wird vom sadistischen Lehrer halbtot geschlagen, und Jonathan entflieht in tödliche Ungewissheit, will nie mehr nach Hause. Hanno in Thomas Manns *Die Buddenbrooks* (1901) erspart sich den Selbstmord durch tödliches Krankwerden. Georg Pfanner in Marie von Ebner Eschenbachs Erzählung *Der Vorzugsschüler* (1901) stürzt sich in die Donau, zerbrochen unterm Leistungsdruck des Vaters. Heiner Lindner in Emil Strauß' *Freund Hein* (1902), dem folgenreichsten Roman, der die Tradition tragischer Schulgeschichten begründet, zerbricht, musikalisch begabt, am Drill von Vater und Schule und erschießt sich, ein Hölderlin-Gedicht noch auf den Lippen. Karl Gruber in Rilkes Erzählung *Die Turnstunde* (1904) stirbt an körperlicher Überbeanspruchung in der Militärschule. Hans Giebenrath in Hermann Hesses Roman *Unterm Rad* (1906) wird zermalmt vom philiströsen Vater und den Bildungsanstalten und geht ins Wasser. Thomas in Friedrich Huchs Roman *Mao* (1907), abgetaucht in seine Phantasiewelt, stürzt sich in die Tiefe.

Mit dieser Tradition kann Thoma radikal brechen, weil er die Hauptfigur anders anlegt, auf Psychologisierung verzichtet, kein empfindsames, hochbegabtes Kind ins Zentrum rückt, dessen Fähigkeiten im autoritären Elternhaus und im staatlichen Schulsystem erstickt werden, wie Gustav Landauer es in seinem Essay »Selbstmord der Jugend« von 1911 beklagt.

Schule

Das humanistische Gymnasium wird zur Brutstätte des Inhumanen. Die Fächer werden so fad vermittelt, dass sie bloß angetippt werden (Latein, Griechisch, Geographie, Religion, Mathematik). Solche Bildung verbildet. Opfer sind die Schüler, Täter die Lehrer, die sehnlichst der Prügelstrafe nachtrauern, die nicht mehr praktiziert werden darf (»weil man gestraft wird, wenn man einen bloß ein bisschen auf den Kopf haut«, S. 87), was sie aber nicht ausschließt (»Ich habe gemeint, jetzt krieg' ich eine hinein«, S. 31). Deren Äußeres, satirisch zugespitzt: hässlich, ungepflegt, haararm oder unfrisiert, krummbeinig, mit Schiel-, Roll- und Hängeaugen, schlechten Zähnen und eierdottrigem Bart. Sie spucken, sind heimtückisch, dümmlich, ungerecht, werden so lächerliche Kontrastfiguren zu ihren gepredigten Idealen: den antiken Helden, den Germanen, den Heiligen und ihren Taten. Es »geht Zucht vor Unterricht« (zit. nach: Rutschky 1977, S. 378), und »Zucht« ist »wesentlich Strafe« (ebd., S. 381), schon »der Wille des Kindes muss gebrochen werden« (ebd., S. 377), wie es im 10. Band der *Enzyklopädie des gesamten Erziehungs- und Unterrichtswesens* (1887) ausgeführt wird. Verbale Mittel sind geballte Demütigung und Entwertung: Ludwig sei eine »katilinarische Existenz«, eine »Verbrechernatur« (hier S. 22), die »im Zuchthaus enden« werde (S. 29). Das bisschen Kreide auf dem Rücken des Priestergewandes reicht fast zu Ludwigs Schulverweis (S. 32). Schule ist hier nichts weiter als die Verlängerung des Karzers. Nur zwei halten auch noch dagegen: Fritz und Max, die einzigen Verbündeten.

Autorität bemisst sich für Ludwig ausschließlich über die Leistung und das Verhalten. Weder über Titel und Rang (Rektor, Professor, Priester, Geheimrat, Hauptmann), weder über Auszeichnungen – als Semmelmaier seinen Orden entblößt und fragt, was das sei, die umwerfende Antwort: »Messing« (S. 191) – , noch über die Blutsbande, wird doch Verwandtschaft als hinterhältige Bande vorgeführt, in der noch die Prügelstrafe herrscht (S. 29). Jedwede Autorität, kirchliche wie weltliche, muss entsprechend beglaubigt, darf nicht bloß behauptet oder beansprucht werden. Die Erwachsenen tricksen und lügen, geben vor, alles zu wissen und flüchten sich in lachhafte Rechthabefloskeln wie »zu meiner Zeit [konnte man] auch Scheologie sagen« (S. 9), oder die Rechnung sei »nach einer alten Methode, welche es nicht mehr gibt« (S. 29), bearbeitet worden.

Das Zwischenmenschliche: zum Vergessen. Offene und verdeckte Kämpfe werden auch untereinander ausgefochten: Tante Friedas Rundumschläge, Eheleute und ihr Ehekreuz, Neid und Eifersucht, Missgunst und Misstrauen. Einig sind sie sich nur, wenn's gegen die Jugend geht. Ein ganzes Arsenal des Grauens, nur komisch übertüncht, wird breit entfaltet, indem Anlässe inszeniert werden, damit viele Figuren plausibel sich treffen können: Firmung, Vermählung, Feste – Begräbnisse keine. Dafür versargen die Erwachsenen alle sexuell-pubertären Regungen, machen sich des »Seelenmordes« schuldig, als in Ludwig so etwas wie erste Liebe aufkeimt.

Hier, nebenbei, ist das Fiktionale der Lausbubengeschichten am stärksten faktual fundiert, allerdings und bezeichnend ohne die heftigen »Selbstmordgedanken«, die den jungen Thoma peinigten (*Erinnerungen*, in: *Gesammelte Werke*, Bd. 1, S. 130 f.), während der erzählte es dabei belässt: »Ich bin lange nicht mehr lustig gewesen« (S. 20).

Nirgends gibt es Vorbilder, rundum nur Zerrbilder. Wenige Figuren hellen die schwarze Bilanz auf, allen voran und durchweg »die herzensgute, arglose Mutter« (S. 11), seine Schwestern Marie und Ännchen, Franz, der unglücklich Verliebte, ehemalige Försterfreunde wie Onkel Hans und schließlich Cora, die »Indianerin«, die stärkste Figur, die mit ihrer Natürlichkeit temporär in eine spießbürgerlich beschränkte Welt einbricht und ahnen lässt, was sein könnte, wenn man es nur geschehen ließe …

Desolat ist die Rolle der Frauen. Ohne Ausbildung bleibt nur das Heiraten, Sicharrangieren und Schönreden, wenn irgendein männlicher Jämmerling wie Bindinger bloß die soziale Absicherung garantiert und Ännchen schließlich »wie ein Lamm zur Schlachtbank« (S. 61) geführt wird. Entfernt man auch hier die komische Tünche, so bleibt einem das Lachen im Halse stecken. Söhne dürfen alles, Töchter nichts. Da hat selbst Tante Frieda recht! (S. 101 f.)

Streiche und Streiche

Eierklatschen, Obst mopsen, Forellen krallen, mit Brausepulver den rektoralen Nachthafen aufschäumen lassen, Senf auf die Türklinke schmieren, das sind die Bübereien eines bayerischen Halbstarken, der dafür, so er erwischt wird, eine übergestrichen bekommt, was er stoisch erträgt. Selbst wenn Streiche in die Nähe von Straftaten rücken, bleibt der Täter sympathisch. Denn die Mehrzahl der Streiche sind Vergeltung für erlittenes Unrecht, und dafür müssen die unsympathisch gezeichneten Verursacher büßen, weil ihnen nur recht geschieht. Wer ihn angreift, wer ihn »verschuftet«, dem muss er was »antun«, was, nebenbei, all jenen Lesern eine willkommene Triebabfuhr und bequeme Ersatzbefriedigung bietet, die ihrerseits es irgendwelchen Saurüsseln so gerne realiter fetzen würden, sich aber nicht trauen. Durch solche Taten wird Gerechtigkeit hergestellt, weil sie sich anders nicht herstellen lässt. Die abgeschlagene Gipsnase des Aloysius – eine ins Nasale verschobene Kastration des triebarmen Heiligen – rächt sich am bigotten, hartherzigen Religionslehrer. Keine Strafandrohung, keine Strafe kratzt den Rächer. Gezeigt wird, wie sie sich vermeiden lässt: durch raffinierte Planung (»weil man erst studieren muss, was sie am meisten ärgert«, S. 99), Konspiration, Geschicklichkeit (z. B. die meisterlichen Steinwürfe!) sowie, entlehnt aus dem Verhaltensarsenal der Erwachsenen, mit Verstellung, Leugnen und Lüge. Ludwig ist furchtlos vor Gott und den Menschen, die gräulichen Höllenstrafen des Meineids, sie schrecken ihn nicht. Dass Gebete nicht zur Aufdeckung taugen, das weiß er. Solche Racheakte, so die Botschaft, lohnen sich, werden zum Plädoyer wider die Duckmäuser und Musterknaben. Innovativ ist Thoma darin, dass er auf eine tradierte, abschreckende Strafdidaktik verzichtet. Ein Reifeprozess ist nicht zu erkennen, der Lausbub, seelisch und körperlich mit dicker Haut verpanzert, entwickelt sich nicht.

Sprache

Der kindliche Thoma-Ton besticht: lapidar, witzig-rotzig, un-erhört! Seine Merkmale sind in Stichworten, etwa: die Grammatik des Kurzsatzes (»Das sagt der Rektor bloß so. Aber ich bin nicht so dumm«, S. 26); die unvollständigen Hilfsverbkonstruktionen (»Da ist die Cora hinein«, S. 179); die langen Passagen in indirekter Rede (wie etwa das Zwiegespräch zwischen Max und Ludwig im »Semmelmaier«, S. 188 f.) und das Wechselspiel mit der direkten; die monoton und formelhaft vorgespannten, entbehrlichen Artikel vor Personennamen (»der Franz«, »der Assessor Bogner«, »der Amtsrichter«, »der Seitz«, »die Cora«, »der Reinhardt«, S. 150 f.); das ausgedehnte Erzählen im Perfekt mit der Inquit-Formel, die den Text rhythmisiert (»ich habe gesagt«, »er/sie hat gesagt«, wie das Gespräch zwischen Ludwig und Franz, S. 158–160); die parataktische Reihung (»Und die Tante Theres hat … und hat sich … und hat …, und dann …«, S. 122); die ansatzlos geschlagenen Knockout-Pointen (»Alle Professoren sind dumm, aber er war noch dümmer«, S. 51); die fehlerhafte Verwendung von Konjunktionen (»dass sie glaubten« statt »so dass sie glaubten«, S. 37; »darf ich es nicht vorlesen, dass Sie mir sagen«, statt »damit Sie mir sagen«, S. 48; »hinausgeschmissen, ob wir«, statt »hinausgeschmissen und probiert, ob wir«, S. 88); Kasuspatzer (»die Mädchen haben sich bei die Herren eingehängt«, S. 151; »dass er ihn verdient hat auf das Schlachtfeld von Wörth«, S. 182); die Repetition von Jugendjargon-Floskeln (jemandem »was antun«, S. 32, 46, müssen, sofern man »verschuftet«, S. 21, 30 u. ö., worden ist); schließlich die im Bayerischen übliche doppelte Verneinung (»sie ist keine Bieruhr nicht«, S. 149). Die Figuren sprechen jedoch keinen Dialekt, sondern hochdeutsch. Der Gewinn: größere Verständlichkeit, mehr Leser, fettere Tantiemen.

»Lausbub« und »Lausjud«

1918: Das Deutsche Reich hat den Krieg verloren, die Monarchie ist Geschichte und wird abgelöst von der Weimarer Republik. Thomas berechtigte Sorge, dass Bayern und das Reich in den Kämpfen um eine politische Neuorientierung Schaden nehmen, lässt ihn zu unberechtigten Mitteln greifen, zu hasserfülltem, rassistischem Aufhetzen zu Totschlag, Mord und deren nachträglicher Rechtfertigung. Als Gegner werden aus- und sprachgewaltig niedergemacht: die Mitglieder der bayerischen Räteregierung, SPD, USPD und KP, die Kommunisten, die Juden, die Feministinnen, die Homosexuellen, die Presse und Sprachverhunzer, das Babylon Berlin und dessen Zentralismus. »Das Affenwerk von Weimar verachten wir« (*Sämtliche Beiträge aus dem »Miesbacher Anzeiger«*, S. 117).

Zur Meinungsfreiheit gehört unbestritten, dass auch polemische Grenzfälle auszuhalten sind, grenzenlos ist sie aber mitnichten. Austeilen konnte Thoma immer schon, etwa gegen die »Sozis« und als halbwelterfahrener bayerischer Macho, der für die Frauenbewegung wenig übrig hat. »Nur eines gibt es, was ich wirklich hasse: / Das ist der Volksversammlungsrednerinnen / […] Klasse. / Ich bin der Ansicht, daß sie alle spinnen. // Sie taugen nichts im Hause, nichts im Bette«, so sein frühes Gedicht *Bekenntnis* im *Simplicissimus* (Nr. 33, 1899/1900; hier zit. nach: Schad

1995, S. 227), in dem »Fräulein Luxemburg« noch Löcher in »woll'nen Strümpfen« angedichtet werden.

Nach dem verlorenen Krieg verlegt sich Thoma auf die publizistische Kriegsführung anonym aus dem Hinterhalt. Seine Waffe ist der *Miesbacher Anzeiger*, seine Munition großkalibrige Wörter und Worte, die reichsweit einschlagen, weil er damit zu zielen weiß.

Ein paar beispielhafte Textproben seien hier aufgeführt: Berliner »Sau- und Regierungs-Juden« (*Sämtliche Beiträge aus dem »Miesbacher Anzeiger«*, S. 181), »galizische Wanzen-Juden« (ebd., S. 276), »Bolschewisten-Juden« (ebd., S. 372), »hebräische Sau« (ebd., S. 284), »Isak Achselduft« (ebd., S. 131; für Kurt Tucholsky). – »In München haben wir [sic] doch mit der Hinrichtung des Eisner [der am 21. Februar 1919 ermordete erste bayerische Ministerpräsident] und der Prügelstrafe gegen den Magnus Spinatfeld [der homosexuelle Sexualwissenschaftler Magnus Hirschfeld] den Nachweis geliefert, daß es uns nicht an Temperament fehlt. Die Berliner werden auch dankbar anerkennen müssen, daß wir ihnen den Landauer [Gustav Landauer] durchgetan haben. Immerhin waren das nur Vorspiele zu größeren Kuren, die wir uns gelobt haben, für den Fall, daß sich die Beschnittenen bei uns noch einmal mausig machen. Dann geht's aus dem Vollen« (ebd., S. 222). »Gerade so ein Kerl wie den Landauer, der den Sträflingen und Zuhältern seiner Partei schon die schönen Bürgertöchter Münchens versprochen hat, muß man tottreten, wie Giftnattern« (ebd., S. 239); Landauer war von Weißgardisten im Gefängnis am 2. Mai 1919 zusammengeschlagen und dann erschossen worden). »Schauen wir zu, daß nochmal der rote Fetzen durch München getragen wird? Oder schlagen wir jeden

Hund tot, der das arme Vaterland in neues Verderben stürzen will?« (Ebd., S. 110; gemünzt auch auf Karl Gareis, den USPD-Fraktionsvorsitzenden im bayerischen Landtag, der dann kurz darauf vom Freikorps ermordet wurde.) Jener Kommissär aus Berlin, verantwortlich für die erhöhte Umsatzssteuer, auch auf bayerische Lederhosen, möge auf »seiner Reise nach Bayern einen Zinksarg mitnehmen: er wird ihn zur Rückreise dringend benötigen!« (Ebd., S. 226.). Politikerinnen in der Weimarer Nationalversammlung seien »dicke Weibsbilder [...] [mit] aufgeschwemmten frechen Gesichtern, in schmierigen Wollblusen [...] eine [...] bohrt in der Nase [...]. Ein Duft von abschreckender Gemeinheit« (S. 82). »Frau ist keine Bezeichnung für diesen Abhub«, so über Luise Zietz, Frauenrechtlerin und USPD-Mitglied (zit. nach: Schad 1995, S. 237). Else Lasker-Schüler wird dem »Gesindel zu Hunderten« zugerechnet, »das die Sprach-Syphilis einführt«, und ihr vorgehalten, die deutsche »Satzstellung und Wortstellung zu verlausen« (*Sämtliche Beiträge aus dem »Miesbacher Anzeiger«*, S. 408). Der Zuzug von Ostjuden nach Berlin sei durch »Kloakenröhren« erfolgt, heute gehörten ihnen »die Presse, das Theater, der Handel, die Kunst, das Gewerbe – und seit 1918 – das Regiment. Von hier aus wollen sie Deutschland knechten [...].« Es seien »die Söhne und Enkel dieser Aussätzigen« aus Galizien mit ihren »Wanzen, Läusen, Flöhen«, die man im Russlandfeldzug gesehen habe, und man frage sich: »Warum führte man Krieg mit den gutmütigen, anständigen Russen, statt mit ihnen diese Pest auszurotten?« (Ebd., S. 217.)

Solche Unsäglichkeiten kann Thoma ausschwitzen und übertrifft dabei jene, die er in den *Lausbubengeschichten* verachtet und verlächerlicht. Weitergedacht, wird aber auch sein erfrischend antiautoritärer, doch emotional gepanzerter, kalter, aber sympathischer »Lausbub« mit seiner Lüge und Verstellung plötzlich auch erschreckend disponibel für Thomas eigene autoritäre Entwicklung. Thoma leugnet öffentlich seine Autorschaft für den *Miesbacher Anzeiger* (S. 358 f.); der erzählte Ludwig liefert die Begründung, als er den Meineid schwört, es nicht gewesen zu sein: »ich bin nicht so dumm« (S. 26). Vor 1920 stand Thoma noch für seine Meinungen gerade, saß im Stadelheimer Gefängnis dafür ein, in Zelle 70, die, ausgerechnet, später von Kurt Eisner, dessen Mörder Graf Arco und Adolf Hitler belegt wurde (vgl. Lemp 1994, S. 103).

Dass Hitler Artikel von Thoma kannte und nutzte, ist nahezu sicher, ob ihn selbst, nicht unwahrscheinlich (vgl. Klaus, S. 265 f.). Dietrich Eckart, der Strippenzieher, Förderer und Wegbereiter des jungen Hitler, Gründer der antisemitischen Zeitschrift *Auf gut deutsch*, war Thomas Tarock-Spezi im Miesbacher Bräustüberl.

167 Artikel sind es im *Miesbacher Anzeiger* in nur einem Jahr geworden. Wer davon absehen kann, findet in Ludwig Thomas Lebenswerk reichlich, was sich noch zu lesen lohnt. Depressiv geworden, von Hass und Krebs zerfressen, erspart ihm der Tod die weitere Selbstdemontage. In seinem Schreibtisch fand man seine lebenslänglich geliebten, lausbübischen Pulverfrösche und einen Beitrittsantrag der NSDAP. Unausgefüllt. (Vgl. Klaus 2016, S. 10 und 269.)

Inhalt